LES

GÉNÉRAUX VACHOT

NOTE

PAR

A. REBIÈRE

————•O•————

TULLE

IMPRIMERIE CRAUFFON, ADMINISTRATIVE ET COMMERCIALE

Rue Général Delmas

1899

LES GÉNÉRAUX VACHOT

LES

GÉNÉRAUX VACHOT

NOTE

PAR

A. REBIÈRE

————◆◇◆————

TULLE

IMPRIMERIE CRAUFFON, ADMINISTRATIVE ET COMMERCIALE

Rue Général Delmas

1899

LES GÉNÉRAUX CORRÉZIENS DE LA RÉPUBLIQUE
ET DE L'EMPIRE.

Nos généraux ont déjà été étudiés à diverses reprises. Voici une liste alphabétique des principaux, avec l'indication de quelques-uns de leurs historiens :

BERTHELMY, de Tulle. (*Biographie tulloise*, par M. G. Clément-Simon. *Bulletin de la Société des Lettres de Tulle*, t. I.)

BRUNE, de Brive. (*Esquisse historique sur le Maréchal Brune*, par le lieutenant-colonel L. B··· (Bourgoin); Paris, 1840, 2 vol. in-8°. — Notice, par le lieutenant Conchard de Vermeil.)

DELMAS, d'Argentat. (*Etude*, par le docteur Léon Vacher.)

DES BRUSLYS. (M. Marcel Roche prépare une note sur ce général.)

GIMEL DUTHEIL. (*Biographie du général de Gimel*, par M. R. de Jouvenel ; Brive, 1885, broch. in-8°.)

HUGO, de Chameyrat. (*Le général Hugo*, par G. G. Laplumardie ; Paris, s. d., broch. in-8°.)

MARBOT (les trois), d'Altillac. (Jean-Antoine, le père et les fils Adolphe et Marcelin, l'auteur des *Mémoires*.) — (Sur Jean-Antoine, notes de M. de Boislecomte dans le *Bulletin de la Société archéologique de Brive*, 1892. — Sur Marcelin, *Le général Marbot...*, par F. Bournand ; Paris, 1897, pet. in-4°.

— Sur le même, *Histoire populaire du général Marbot*, par l'abbé J. Bassignac ; Brive, 1895, broch. in-12.)

MATERRE, d'Uzerche. (*Jean-Baptiste-Martial Materre...*, par E. Saint-Maurice Cabany ; s. l. n. d., broch. in-8°.)

SOUHAM, de Lubersac. (*Le général Souham*, par R. Fage ; Paris, 1897, in-8°.)

TRECH DES FARGES. (Courte notice dans le *Dictionnaire des Médecins limousins*, par R. Fage ; curieux personnage à reprendre, ce général qui a été aussi médecin, notaire, industriel...)

VACHOT (les deux), de Tulle.

VIALLE, de Tulle.

Aucune notice des trois derniers généraux tullois n'a encore été publiée. Nous allons dire ce que nous savons de Martial et de François Vachot. Un autre nous parlera plus tard de Vialle [1].

---

(1) Voici, en attendant, les états de service de Vialle :

Pierre Vialle, né à Tulle (Corrèze) le 12 janvier 1743, soldat au régiment de Navarre le 20 avril 1759, caporal le 1er mai 1766, sergent le 7 septembre suivant, fourrier le 30 juin 1768, sergent-major le 1er juin 1776, adjudant le 15 décembre 1778, sous-lieutenant de grenadiers le 20 septembre 1783, adjudant-major le 1er mars 1791, capitaine le 9 mai 1792, chef de bataillon le 22 mai 1793, général de brigade le 28 septembre 1793, général de division et commandant en chef provisoire de l'armée des côtes de Cherbourg le 20 frimaire an II (10 décembre 1793), général en chef de l'armée d'Italie le 4 fructidor an II (21 août 1794), mais refuse ces fonctions, commandant la 1re division militaire (Lille) le 19 fructidor (5 septembre 1794), réformé le 25 pluviôse an V (13 février 1797), retraité le 1er prairial an IX (21 mai 1801), mort à Lille le 19 juin 1816. Le général Vialle avait fait les campagnes d'Allemagne de 1759 à 1762, et d'Amérique de 1775 à 1783.

(On ne confondra pas Vialle avec deux autres généraux Vial, étrangers au Limousin).

Le Général MARTIAL VACHOT

Né à Tulle, le 22 mai 1763,
Tué devant Goldberg, le 23 août 1813.

I

MARTIAL VACHOT

Acclamé par ses concitoyens, Martial Vachot, gendarme national à Tulle, fut en 1793 nommé d'emblée chef de bataillon et, vingt jours après, général ! La voix du peuple, qui se trompe souvent, dit vrai cette fois. Vachot justifia un avancement peut-être unique pendant la Révolution.

Le jeune chef se distingua vite à l'armée du Rhin. Il repoussa l'ennemi à Bienvald et il commanda en chef le siège pénible de Manheim. Général de division, il fut ensuite rétrogradé, puis remercié, sans qu'on sache pourquoi.

Le général se reposa pendant douze ans en Corrèze, aimé et honoré de tous. Soldat dans l'âme, il rongea son frein. Ses frères d'armes finirent par obtenir son rappel à l'activité, mais pour commander des gardes nationales et gouverner des provinces.

Vachot fut enfin appelé à la Grande-Armée, pour la lutte suprême. Il se fit remarquer à Lunebourg, puis il mourut à cinquante ans, à la sanglante bataille gagnée devant Goldberg.

Nous allons, à l'aide de documents [1], donner quelques détails, sur une vie militaire courte mais bien remplie.

---

(1) Nous n'indiquerons pas la provenance des pièces consultées aux Archives du Ministère de la Guerre.

— 8 —

Voici d'abord l'état officiel des services du Général :

Vachot (Martial), né à Tulle, 22 mai 1763.

Soldat à Noailles-dragons, 27 janvier 1786.

Congédié, 20 juin 1790.

Gendarme à Tulle, le 20 juin 1792.

Chef de bataillon adjudant-général employé à l'armée du Rhin, le 3 septembre 1793.

Général de brigade, le 25 septembre 1793.

Employé à l'armée de Rhin et Moselle.

A reçu ordre de cesser ses fonctions le 24 germinal an IV (13 avril 1796).

Réformé le 21 nivôse an V (10 janvier 1797).

Rappelé pour être employé à l'armée du Nord en août 1809.

Employé dans les gardes nationales, 26 septembre 1809.

Disponible par licenciement en mars 1810.

Rappelé à l'activité dans la 32ᵉ division mil. et commandant le département des Bouches du Wesel le 8 février 1812.

Au corps d'observation de l'Elbe (2ᵉ division), le 16 février 1813.

Mort sur le champ de bataille devant Goldberg, le 23 août 1813.

Campagnes : 1793, an II, III, IV à l'armée du Rhin, 1809 à l'armée du Nord, 1813 à la Grande-Armée.

ETAT DES SERVICES DU GÉNÉRAL VACHOT, TUÉ LE 23 AOUT 1813, A GOLDBERG, EN SILÉSIE [1].

En 1793, Martial Vachot fut promu adjudant général, chef de bataillon, à l'armée du Rhin.

---

[1] Cette seconde pièce non signée, déposée au dossier militaire, complète la précédente ; elle est de l'écriture de notre arrière-grand-père, Bussière, ami intime de Vachot.

Rappelons, en passant, que Léonard Bussière (1761-1852), troisième notaire du nom, a joué un certain rôle local pendant la Révolution. On lit, à la page 616 des *Scènes et Portraits de la Révolution en Bas-Limousin*, par V. de Seilhac : Séance de la Société populaire de Tulle, envoyant trente-cinq victimes à la Conciergerie de Paris : « ... Le Comité des Cinq ne se composait plus que de quatre membres. M. Bussière s'était retiré pour ne pas participer à la mesure sanguinaire. Nous citons avec bonheur cet acte de courage. »

Peu de temps après, s'étant distingué à la défense des lignes de Vissembourg, il fut fait général de brigade et ensuite nommé général de division par les Représentants du Peuple qui étaient alors à l'armée du Rhin, c'est en cette qualité qu'il a commandé l'aile gauche de l'avant-garde de cette armée, tandis que le général Desaix commandait l'aile droite, pendant les années 1793, 1794 et 1795.

A la tête de 30,000 hommes, il prit le fort de Manheim et il obtint une gratification considérable qu'il n'a jamais touchée, pour ses dépenses extraordinaires pendant le siège.

Lors de l'arrivée à l'armée du Rhin des représentants Saint-Just et Lebas, ces députés lui proposèrent de prendre le commandement en chef de l'armée du Rhin, emploi que sa modestie lui fit refuser, mais que ses talents distingués lui auraient fait remplir avec gloire.

Le gouvernement voulut lui donner, en 1795, le commandement du siège qu'on voulait faire de Mayence ; il refusa également.

Il obtint de la Convention un cheval de bataille.

Sans intrigue et sans ambition, on lui imposa sa retraite, pour avoir été en opposition avec un député alors très influent.

Il vécut en philosophe dans sa campagne jusqu'en 1809, date à laquelle le gouvernement le rappela, sans aucune démarche de sa part. Il a servi jusqu'au 23 août 1813, jour où il fut tué à Goldberg, en Silésie.

Quelque temps auparavant, il avait été fait membre de la Légion d'honneur, pour une action d'éclat.

Il a laissé sa femme et quatre enfants mineurs, avec deux petites métairies qui donnent 400ll de revenu.

La plus grande partie de ses effets et équipage a été perdue dans la fameuse retraite (1).

---

(1) On lit avec surprise, dans un *Dictionnaire des Hommes célèbres de la Corrèze*, que M. Vachot « partit comme volontaire en 1793, lorsque la Convention ordonna la levée de 300,000 hommes ; qu'il fit les campagnes de ans II, III, IV à l'armée du Rhin ; fut en 1809, à l'armée du Nord, nommé général de brigade après des actions d'éclat ; fit la campagne de Russie en 1812 et se distingua au passage de la Bérésina (Grande-Armée). » M. de Bergues-Lagarde se trompe : Vachot ne partit pas comme volontaire en 93, il ne fut pas nommé général en 1809 et il ne fit pas la campagne de Russie.

L'ARMÉE DU RHIN. — LE SIÈGE DE MANHEIM.

Sur la demande du Département de la Corrèze, du District, de la Municipalité et de la Société populaire de Tulle, appuyée par les députés Brival et Pénières, Martial Vachot est nommé adjudant-général, chef de bataillon, le 3 septembre 1793. Il est envoyé à l'armée du Rhin et attaché à la compagnie de Lambert, à Strasbourg.

Dès le mois suivant, à la retraite des lignes de Wissembourg, Vachot repousse vigoureusement les Prussiens, près du Moulin de Bienvald. Par des manœuvres, aussi habiles que courageuses, il facilite ensuite une retraite honorable à l'armée républicaine, déjà en déroute sur la gauche. Il mérite les éloges des représentants du peuple à l'armée ; il est fait général de division et il bat encore les Alliés plusieurs fois, dans le Bas-Rhin et le Palatinat [1].

On trouvera plus loin, à la *Correspondance*, deux lettres de Vachot à Bussière, qui éclairent les débuts du général.

L'année suivante, Vachot a l'honneur de commander en chef le siège de Manheim. La prise de ce fort sur le Rhin avait une grande importance stratégique, elle présentait de grandes difficultés. Nous reproduisons le rapport de Sorbier, chef du génie, où sont consignés les détails techniques. Vachot, ayant 22,000 hommes sous ses ordres,

---

(1) Consulter le *Wissembourg* d'A. Chuquet.

dirige le plan d'attaque. A la suite de cinq mois de travaux opiniâtres, le fort se rend, après quatorze heures de bombardement, le 5 nivôse de l'an III (25 décembre 1794).

D'après un rapport, le 6 nivôse, à midi, toute l'armée républicaine était sous les armes, en bataille, en arrière des redoutes. On prit possession, tambour battant, mèche allumée, aux cris mille fois répétés de : Vive la République ! vive la Convention ! Les représentants du peuple et les généraux marchaient à la tête des troupes, au son d'une musique guerrière.

Du 1er septembre 1793, l'an II de la République françoise, une et indivisible.

Expédiez une lettre de service d'adjudant général, chef de bataillon à l'armée du Rhin, à Vachot, gendarme national, compagnie de Lambert, à Strasbourg.

Le Secrétaire général de la Guerre,
VINCENT.

Au quartier général de Spire, le 22e fructidor de l'an II de la République françoise, une et indivisible (8 septembre 1794).

Vachot, général de division,

Au citoyen Michaud, général en chef.

Je viens, citoyen général, de recevoir avis que l'ennemi fait descendre de l'artillerie et de l'infanterie du côté de Rassalt. Il y a deux jours que j'ai reçu le même avis, je n'y avais pas cru, mais ce qui m'y fait trouver de la vraisemblance, c'est une lettre que m'a fait écrire Desaix, cette nuit, par laquelle il m'a annoncé que l'ennemi avait fait passer à Manheim de l'artillerie et des troupes.

Salut et fraternité.

VACHOT.

Sur l'adresse :

Au citoyen Michaud, général en chef de l'armée du Rhin,
A Neustàt.

[Arch. de M. Et. Charavay.]

26 frimaire an III (16 décembre 1794).

Le général de division Vachot au général de division Vincent.

Il lui témoigne sa satisfaction de pouvoir combattre à côté d'un militaire aussi connu par sa bravoure que par ses talents.

30 frimaire an III (20 décembre 1794).

Le général Vachot au général Michaud, commandant en chef de l'armée du Rhin.

Un officier déserteur autrichien annonce que l'ennemi doit tenter une sortie cette nuit. — Condé doit tenter aussi le passage du Rhin.

NOTTES HISTORIQUES SUR L'EXPÉDITION DEVANT MANHEIM EN FRIMAIRE DE LA 3ᵉ ANNÉE RÉPUBLICAINE.

L'armée du Rhin commandée en chef par le général Michaud, après avoir contribué par sa position et les secours de tout genre aux opérations glorieuses des armées du Nord, de Sambre et Meuse et de la Moselle, s'ébranlant à la fois au commencement de vendémiaire de la 3ᵉ année républicaine, parvint en peu de temps par des marches bien combinées et des combats réitérés à forcer l'ennemi de repasser le Rhin.

Cette tactique vigoureuse exécutée, elle prit position devant Mayence et Manheim, pour intercepter la communication de ces deux places. La division devant Manheim forte de sept mille hommes se répandit à droite et à gauche depuis Spire jusqu'à Worms, le 24 vendémiaire an IIIᵉ. Trop faible pour rien entreprendre d'offensif, elle soutint, par la bonne disposition que lui donna le général Vachot qui la commandait, la garnison de Manheim et l'armée autrichienne campée sur ses derrières. Ce ne fut qu'en frimaire que, portée à dix-huit mille hommes, elle put commencer ses dispositions d'attaque sur la tête de pont qu'elle avait la tâche de prendre.

Cette tête de pont qui aurait été peu de choses si elle n'avait couvert que la communication d'une place ordinaire, devenait un objet très conséquent par les ouvrages qu'on y avait ajoutés, par la présence d'une garnison nombreuse et d'une armée active qui multipliait ses ressources dans un rapport difficile à calculer. Ces ouvrages additifs consistoient en trois grandes lunettes sur les capitales de la corne et de la demi-lune, elles étaient fraisées, enveloppées d'un double fossé et de trois rangs de puits en avant. Chacune d'elle avait un logement blindé pour mille hommes et renfermait tous les établissements nécessaires à une vigourense défense. Il y aurait donc eu de la témérité d'en brusquer l'attaque et de ne pas suivre les procédés que tous les principes de la guerre commandoient

En conséquence on forma une ligne de contrevallation sur douze à quatorze cents toises de rayon, appuyée à droite au village de Monneroim et à gauche à celui de Fzisenheim. Une plaine rase et sans couvert n'offrant aucun azile sûr pour le débouché des attaques réglées, on se décida au jet de cinq redoutes pleines, concentriques à tête de pont et à cinq cent toises du fort. La hardiesse de leur position était soutenue par un marais continu en avant d'elles qui donnait le temps aux troupes de la ligne d'arriver en cas d'insulte. On les lia par une ligne flanquée en forme de tranchée avec de larges débouchés pour les laisser dans leur jeu et ménager à toutes les armes la liberté entière de leurs mouvements.

A gauche une grande batterie retranchée coupée dans la massif de la digue fut dirigée sur les amorces de pont. Une circonstance de terrain presque aussi avantageuse sur la droite, fit établir une semblable batterie sur le revers d'une autre digue.

La première batterie fut armée de quatre pièces de 24 et de quatre mortiers à grande portée. La seconde reçut aussi quatre mortiers de même calibre et deux pièces de 8. Les cinq redoutes dont ces deux batteries faisaient l'appui par la droite et par la gauche renfermaient chacune cinq bouches à feu tant de jet que de plein fouet. Quatre mortiers furent placés à droite et à gauche de la redoute du centre. Enfin pour contrebattre les batteries dont le bord ennemi était hérissé pour tirer sur la grande batterie dirigée sur le pont, on plaça en avant et en arrière d'elle vingt-une pièces de tout calibre et quatre mortiers de 8 pouces. La totalité de nos moyens en artillerie consistait en soixante-seize pièces, dont vingt mortiers et huit obusiers.

Il ne fallait rien moins que cet ensemble de feux pour menacer efficacement une tête de pont sur laquelle l'ennemi réunissoit tout ce qui pouvoit en rendre l'attaque longue et périlleuse. Le corps d'armée destiné à ce siège n'étant pas assez nombreux pour maîtriser les évènements qui pourroient avoir lieu, les représentants du peuple Merlin de Thionville et Féraud que leur bravoure et leur activité rendaient si dignes de leur mission, le portèrent à vingt-un mille hommes par un renfort tiré de l'armée devant Mayence.

Constamment stimulé par la représentation nationale, nourri du sentiment de sa liberté, le soldat français s'est signalé d'une manière trop éclatante pour ne pas consacrer aux fastes de son histoire militaire quelque trait de cette bravoure réfléchie, de ces élans de courage que le sentiment de sa gloire et de ses triomphes lui a fait manifester. Il a enduré trois décades consécutives le feu de l'ennemi sans y répondre. Patient dans les travaux qui devaient le mettre en mesure pour déployer ces saillies d'attaques qui l'ont distingué dans tous les temps, il se roidissait généreusement contre toutes les difficultés que la rigueur de la saison et d'autres circonstances faisaient naître. Un volontaire privé de la vie par un coup de canon faisait dire aux camarades qui le voyaient tomber : *Sa mort nous dit ce que nous devons à la Patrie.* Un autre blessé grièvement ou privé d'un membre, substituait au cri de la douleur celui de : *Vive la République!*

A travers cette activité et cette martialité des premiers enfants de la Liberté française, l'ennemi développait de jour en jour des moyens supérieurs aux nôtres. Sa droite et sa gauche nous embrassaient souvent de telle manière que d'assiégeants que nous étions, nous devenions comme assiégés par la nombreuse artillerie qu'il nous opposait partout. Deux sorties de sa part, rendues inutiles par notre surveillance et notre vigueur à la repousser, lui firent perdre l'espoir de ruiner nos travaux.

Enfin, à force de puiser dans l'énergie le courage et la constance des troupes de la République, on parvint à prendre une attitude tellement forte que le 30 frimaire on fut en état de tenter un bombardement ou de pousser les tranchées dont les débouchés étaient tous ouverts pour donner aux ennemis le sentiment le plus fort de nos moyens et de notre audace, si le bombardement n'avait pas son succès.

Ce genre d'attaque ayant ses règles et ses probabilités comme les autres, fut décidé le 3 nivôse. Une sommation prononcée au nom de la représentation nationale précéda la scène et en même temps le plus grand mouvement pour préparer le bombardement fut ordonné. Le pressentiment de son appareil, la terreur que son effet inspire donnèrent du ressort aux oscillations politiques qui existaient entre les palatins et les impériaux. Les conférences pour la reddition du fort du Rhin furent entamées, mais quelques articles exigeant une discussion douteuse et plus longue que le délai donné pour l'accepter, elles furent rompues et l'attaque révolutionnaire fut arrêtée pour minuit du 3 au 4 nivôse. Un coup de canon de la redoute du centre donna le signal à la droite et à la gauche. Ce feu bien alterné, bien servi, promenoit la mort et la destruction sur la ville de Manheim et sur le fort. La prestesse du tir, sans être trop précipité, ne donnoit pas le temps à l'ennemi de réparer le ravage qu'il occasionnoit et que l'obscurité augmentoit encore. Le 4, à deux heures après-midi, on fit une seconde sommation basée sur les calamités déjà manifestées et prêtes à s'aggraver par la résolution où l'on étoit d'employer les incendiaires.

Ce second trait de la clémence française fut accepté au pied de la lettre à dix heures du soir et il fut convenu que le lendemain 5 nivôse, à midi, les troupes de la République prendroient possession de la tête de pont et de tout ce qu'elle renfermoit.

Ce qui fut exécuté.

Noms des Représentans du peuple, des Généraux et autres Officiers supérieurs qui ont commandé les troupes ou dirigé les attaques.

Représentans du peuple } Merlin de Thionville.
Feraud.

Vachot, Général de division Commandant en chef l'expédition sous l'autorité du Général en chef Michaud.

Généraux de division { Chaal.
Vincent.
Dorsner, commandant en chef l'artillerie.

Généraux de brigade
{
Cicé.
Girardot.
Desgranges.
Beisac.
Dusirat.
Ravel, commandant en second l'artillerie
}

Picard, commandant la cavalerie.

Sorbier, commandant la brigade du génie et directeur des attaques.

État-Major.

Adjudants généraux
{
Heurdelet.
Couderc.
Melin.
Guipon.
}

Germersheim, le 5 germinal, an IIIe (27 mars 1795).

Le Chef de Brigade au Génie,
Signé : F. Sorbier.

[Archives de M. Filliol, petit-fils du général Vachot.]

Instruction particulière pour l'adjudant général Heurdelet.

Il insistera vigoureusement sur chaque article. Il pourra se relâcher :

1° Sur la contribution de deux millions de florins ; art. 7°.

2° Sur les dispositions de l'art. 6.

3° S'ils insistent pour la rentrée de la garnison, il en sera de suite référé au Conseil, qui prendra une délibération ultérieure.

Les Représentant du peuple, général en chef et général commandant le siège :

Le Réprésentant du peuple,
Féraud.

Le général en chef,
Michaud.

Le général de division,
Vachot.

[Nos Archives.]

6 vendémiaire an IV (27 septembre 1795).

Extrait du régistre des arrêtés du Comité de Salut public.

Le Comité de Salut public arrête que le général de brigade Vachot sera employé dans son grade à l'armée de Rhin et Moselle.

Armée de Rhin-Mozelle.

Hagueneau, le 9 floréal an IV (28 avril 1796)

Au général de brigade Vachot.

Le général en chef me charge, général, de vous envoyer une lettre du ministre de la guerre qui vous annonce que le Directoire exécutif ne vous a pas compris dans le nombre des généraux qui doivent être employés dans l'armée de Rhin et Mozelle, mais que vous êtes à sa disposition pour être réemployé où il le jugera convenable.....

Reynier, *chef de l'Etat-major général.*

LE REPOS FORCÉ.

Par une première disgrâce, Vachot de divisionnaire avait été rétrogradé général de brigade.
Nous lisons dans ses papiers :

J'ai été nommé général de division par le représentant
Hentz, le 20 prairial an II (8 juin 1794), je n'ai point le brevet
du grade..... J'avais à peine terminé le siège de Manheim
lorsque M⟨r⟩ Aubry m'a fait rétrogradé général de brigade.
(Dubois de Crancé pour les mêmes notes m'avait conservé).
Un an après ou environ, M⟨r⟩ Carnot, en me supprimant, me
laisse l'espoir d'un nouvel emploi...

Vachot cessa ainsi de servir, le 10 janvier 1797,
il paraissait définitivement remercié. Pourquoi ?
D'après Bussière, il avait été en opposition avec
un député très influent; lequel ? On a aussi accusé
vaguement des agents secrets de l'Angleterre qui
auraient influencé le Directoire. Nous croyons,
qu'en présence d'une superbe floraison de généraux, le Gouvernement avait choisi un peu au
hasard.

Quoi qu'il en soit, Vachot dut se retirer à Tulle
ou plutôt dans ses petites propriétés de Cornil et
de Saint-Hilaire-Peyroux. Il fut accueilli avec
joie et respect par sa famille et par ses concitoyens.

Les frères d'armes de Vachot, sensibles à
l'injustice dont il était victime, ne cessèrent de
protester. Michaud, l'ancien commandant en chef
de l'armée du Rhin, loue sa grande activité, sa
bravoure et ses talents militaires. Le général
Desaix lui écrit : « Tu peux compter, dans tous
les temps, sur mon inviolable amitié. » Carra

Saint-Cyr insiste sur son zèle et son activité et aussi sur l'exactitude et la clarté de ses rapports. Un autre le qualifie de général probe, actif et compétent. Un autre enfin s'écrie : « Ses talents et son courage ont valu bien des victoires à la République ! Le Rhin fut plusieurs fois témoin de ses exploits et le Rhin ne fut point une barrière à sa valeur. »

La protestation des citoyens de la Corrèze, restés fidèles à Vachot, et des députés Brival, Delort et Malès se joignait à celle des généraux.

L'intéressé réclamait aussi modestement : « Je n'apporterais pas dans la carrière des armes ces talents distingués qui opèrent les grandes choses, mais on retrouverait en moi le dévouement d'un sincère ami de la liberté. »

Ces longs efforts devaient aboutir et, le 20 septembre 1809, Vachot fut rappelé à l'activité.

Je reçois avec plaisir de vos nouvelles, mon cher général, j'espère que vous aurez à vous louer de la campagne en votre faveur. J'ai appris comment vous aviez été remis en activité. On a choisi parmi les officiers généraux réformés les vingt qui avaient le plus de réputation ancienne et vous avez été porté le premier sur cette liste comme ayant laissé le plus de souvenirs honorables dans les premiers temps de la guerre de la Révolution, on croit que vous ne pouvez pas manquer d'être remis en activité définitive.

(Extrait d'une lettre de Sartelon [1] à M. Vachot, en 1809.)

[Nos archives.]

---

(1) Sartelon, d'Ussel, ordonnateur aux Armées.

LES GARDES NATIONALES. — UN ADMINISTRATEUR MILITAIRE.

Appelé à l'armée du Nord, le pauvre général ne devait pas encore marcher à l'ennemi. On lui donne à commander les milices, lors de l'invasion des Anglais en Hollande, puis on l'envoie en Allemagne gouverner les départements de la Lys et des Bouches-du-Weser.

Les lettres à Bussières (voir plus loin) témoignent du découragement de Vachot. Il écrit d'Ertweld : « Je suis toujours ambulant... Nous ne faisons pas la guerre » ; — de Lille : attaché à l'armée de réserve, il craint d'être congédié, il songe à demander l'Espagne ; les festins brillants le fatiguent, il se livre à l'étude ; — d'Ostende : bon accueil de l'Empereur, mais situation toujours indécise, « l'inactivité est pour moi un poison mortel » ; — de Brême : « Collé pendant des soirées éternelles à une table de jeu, il faut perdre son argent avec grâce. » Il faut subir les repas d'étiquette... et le spectacle en allemand. « Il est bien pénible de rester spectateur passif des grands événements qui se préparent. »

Enfin, le 25 février 1813, Vachot pousse ce cri du cœur : « Je ne tarderai pas à être en présence de l'ennemi. Tu n'auras pas à rougir de l'amitié qui nous lie ! »

RAPPORT AU MINISTRE, DU 7 FÉVRIER 1813.

Ce général éprouve, dit-il, l'humiliation de ne point porter la décoration des braves et, comme ce n'est qu'à l'armée qu'il peut l'obtenir et donner des preuves de son dévouement à Sa Majesté, il renouvelle la demande qu'il a faite, avant les premières opérations de la Grande-Armée, d'être admis à la faveur de participer à ses travaux.

LA GRANDE ARMÉE. — LA MORT A L'ENNEMI.

Les événements vont se précipiter.

Le 19 avril 1813, Vachot bat à Lunebourg la cavalerie russe et prussienne, avec son infanterie en deux carrés, l'artillerie au milieu.

Le 13 mai, il combat à une lieue en arrière de Breslau et il accomplit une action d'éclat. Il fait décorer son aide de camp et il est enfin décoré lui-même, sur le rapport du général en chef.

Le 23 août, Vachot, commandant le 3ᵉ régiment étranger et le 146ᵉ de ligne contre les Prussiens, est blessé mortellement à Flensberg. Il meurt, dans la même journée, devant Goldberg [1], en pleine victoire.

Boute, brasseur à l'enseigne du Soleil d'or, avait prêté pour le blessé une calèche, la bâche, les coussins, les harnais et deux chevaux.

La malle de Vachot fut dans la suite déposée chez Krels, Kloster Strasse nᵒ 4, à Madbourg, puis perdue.

Vingt-deux jours après la mort de notre compatriote, les Français remportaient, avant la bataille des Nations, une dernière victoire à Wachau. *Wachau*, n'est-ce pas comme un écho glorieux du nom du général ?

Un combat eut lieu le 23 août devant Goldberg. Le général Lauriston s'y trouvait à la tête des 5ᵉ et 11ᵉ corps. Il avait

---

(1) Les historiens font mourir Vachot à Goldberg, à Flensberg ou à Wolfsberg, localités voisines.

La colline de Flensberg est au sud-est de Goldberg et la colline peu importante de Wolfsberg au sud. L'aile gauche des Alliés occupait le Wolfsberg ; le centre la ville de Goldberg ; la réserve le Flensberg ; l'aile droite était au nord de Goldberg, sur l'autre rive de la Katzbach.

devant lui les Russes qui couvraient la position du Flensberg, et les Prussiens qui s'étendaient à droite sur la route de Liegnitz. Au moment où le général Gérard débouchait par la gauche sur Niederau, une colonne de 25,000 Prussiens parut sur ce point ; il les fit attaquer au milieu des barraques de l'ancien camp ; elle fut enfoncée de toutes parts ; les Prussiens essayèrent plusieurs charges de cavalerie qui furent repoussées à bout portant ; ils furent chassés de toutes leurs positions, et laissèrent sur le champ de bataille près de 5,000 morts, des prisonniers, etc. A la droite, le Flensberg fut pris et repris plusieurs fois ; enfin, le 146° régiment s'élança sur l'ennemi et le culbuta entièrement. L'ennemi a perdu sur ce point 1,000 hommes et 4,000 blessés.

L'armée des Alliés se retira en désordre et en toute hâte sur Jauer.

(Moniteur du lundi 6 septembre 1813).

5° Corps, sur les hauteurs de Flensberg le 23 août 1813,
à 4 h. 1/2 après-midi.

Général Lauriston : Combat de Goldberg. L'ennemi avait déployé toutes ses forces, il a été enfoncé de tous côtés.

. . . .

L'ennemi avait des positions successives et entre autres le Flensberg qui était farci d'infanterie et d'artillerie, après une vive résistance et, après que le succès eut été balancé pendant 3 heures, les positions furent enlevées et l'ennemi battit en retraite avec précipitation, le champ de bataille présente six Russes pour un Français, on peut évaluer leur perte de 800 à 1,000 hommes de tués et plus de 3,000 blessés, notre perte est considérable..... Le général Vachot a été tué..... Les troupes ont combattu avec une constance et une fermeté admirables, toutes les charges de cavalerie ont été repoussées à bout portant.

GRANDE ARMÉE
v° CORPS
ETAT-MAJOR GÉNÉRAL   Extrait d'acte de mort.
—
M. le général de brigade Vachot

Nous soussigné, Antoine-Anltelme Clerc, sous-inspecteur faisant fonctions d'Inspecteur aux revues de la Grande Armée, remplissant celles d'officier de l'état-civil, certifions qu'il résulte du registre destiné à l'inscription des actes de l'état-civil du territoire français, pour l'état-major du même corps d'armée, que Monsieur Martial Vachot, membre de la Légion d'honneur, employé, dans la 17e division de la Grande Armée [1], né à Tulle, département de la Corrèze, est décédé sur le champ de bataille devant Goldberg, le vingt-trois août mil huit cent treize, à une heure de l'après-midi, par suite des blessures qu'il reçut le même jour près là montagne dite le *Flensberg*, d'après la déclaration à nous faite le 24 août 1813, par les trois témoins mâles et majeurs voulus par la loi, lesquels ont signé au registre avec nous.

A Mittwey, le 7 octobre 1813.

---

(1) 1re brigade du 5e corps.

LA VIE PRIVÉE.

Martial Vachot, fils d'un consul de Tulle, est né dans cette ville, le 22 mai 1763. Il a épousé, le 27 juillet 1791, Mlle Bourguet, habitant à Bourguet (commune de Saint-Hilaire-Peyroux). A sa mort, le 23 août 1813, il laissait une veuve et quatre enfants mineurs sans fortune, qui reçurent une pension nationale de mille francs.

Le fils, arpenteur en Algérie, y est décédé sans que nous ayons pu retrouver les papiers de famille qu'il avait conservés.

Des trois filles du général, l'une vénérée sous le nom de Mère Saint-Basile, a été supérieure des Ursulines de Tulle[1]. Une caserne est bâtie en face du couvent, sur l'autre rive de la Corrèze. « J'aime les soldats et le bruit du tambour ! » déclarait Mme Saint-Basile.

Les familles Filliol, Miginiac, Clément-Simon et Conchard de Vermeil descendent de celle du général.

Vachot était simple, bon et gai. Il inspirait autour de lui la confiance et le respect. L'élection populaire en fit un administrateur du département de la Corrèze.

Comme Louis XVI, il s'occupait volontiers de menuiserie, et on montre encore à Bourguet une table, d'un travail assez primitif, qui est son œuvre.

Lorsqu'il quitta sa campagne, en 1809, pour

---

(1) *Notice sur la Révérende Mère Saint-Basile, restauratrice du couvent des Ursulines de Tulle*. Tulle, Mazeyrie, 1881. — Broch. in-8° de 35 pages.

Oraison funèbre de Mère Saint-Basile, à la chapelle des Sœurs Ursulines de Tulle, prononcée le 13 octobre 1880 en présence de Mgr Denéchau, évêque de Tulle, par l'abbé H. Delor, curé de Saint-Pierre à Limoges. Tulle, Mazeyrie, 1881. — Broch. in-8° de 36 pages.

rejoindre l'armée du Nord, sa femme devait l'accompagner jusqu'à Tulle. Pour éviter à cette dernière l'émotion, le général quitta secrètement Le Bourguet pendant la nuit. Quand Mme Vachot s'éveilla, ce fut pour elle une douloureuse déception de ne pouvoir embrasser son mari une dernière fois et on eut de la peine à l'empêcher de courir jusqu'à Tulle pour le rejoindre.

Vachot avait une certaine culture intellectuelle. Il écrivait facilement. Les questions de morale l'intéressaient.

Il n'a jamais donné dans les exagérations politiques de son temps. C'était un esprit ouvert et tolérant.

Le portrait que nous donnons en tête de cette notice a été fait d'après un tableau à l'huile que possède M. Clément-Simon. Ce tableau et d'anciennes photographies paraissent provenir d'une même peinture originale, aujourd'hui perdue.

Le vingt-deux mai mil sept cent soixante-trois est né et a été baptisé Martial Vachot, fils légitime du sieur Pierre Vachot, marchand et troisième consul de cette ville, et de d^elle Antoinette Duplessy. Le parrain a été M Martial Vachot, procureur ès sièges royaux de cette ville, et marraine d^elle Maria Lagier, oncle et grand'mère du baptisé, qui ont signé avec nous.

Signé : M. Lagier, Vachot et Goudelou Vic.

Le vingt-sept juillet 1791, après les fiançailles et les publications des trois bans du mariage dûment faites au prône des messes paroissiales entre M. Martial Vachot, citoyen actif du village de la Rongère, paroisse de Cornil, majeur, fils légitime de feu s^r Pierre Vachot, vivant, juge de la juridiction consulaire de la ville de Tulle, et de d^lle Antoinette Duplessis, d'une part; et d^lle Marguerite Bourguet, fille légitime à s^r Etienne Bourguet, citoyen actif de la ville de Brive, et de d^lle Angélique Nicolet, habitant actuellement au lieu dit de Bourguet, paroisse de Saint-Hilaire-le-Peyrou, d'autre part; pareilles publications ont été faites dans les églises soit de Cornil, soit de

Brive comme il conste par les certificats des deux curés en date du 26 juin même année ; ne s'étant trouvé aucun empêchement ni opposition de part ni d'autre, après avoir interrogé les parties et reçu leur mutuel consentement, les ai formellement conjointes en mariage par les paroles de présente et ayant ensuite célébré la sainte messe, leur ai donné la bénédiction nuptiale, selon les cérémonies observées par notre mère sainte Eglise.

Présents audit mariage : M. Léger Crozat, avocat au Parlement, du village de Cornil ; M. Etienne Bourguet, père à l'épouse ; M. Claude Bourguet, du lieu de Bourguet ; M. Antoine Dupeyron, aide-major de la garde nationale, du village du Peyron, qui ont signé avec les époux.

> BOURGUET, épouse. — BOURGUET. — VACHOT, époux. — CJ. SIMON. — BOURGUET DE SIMON. — BOURGUET fils. — Marie BOURGUET. — DUPEYRON fils. — Elisabeth DUBOY. — CROZAT. — VERLHAC. — DELON. — DELAGE, curé de Saint-Hilaire.

[Arch. de M. Clément-Simon.]

Armée de Rhin et Moselle.

Aile droite, 2ᵉ division.

> Au quartier général à Frisenheim, le 1ᵉʳ germinal l'an IV de la République française, une et indivisible (21 mars 1796).

A l'Administration municipale du canton de Chamayrat.

Ce n'est pas sans étonnement, citoyens, que je viens d'apprendre que vous avez porté ma cote d'emprunt forcé à deux cents livres. Vous n'avez sans doute pas calculé mes ressources lorsque vous m'avez imposé à une aussi forte somme, vous n'avez vraisemblablement pas considéré que nos revenus suffisent à peine à procurer à ma famille son nécessaire, que je suis le seul de ma maison, que j'en ai abandonné les affaires.

Peut-être avez-vous été ébloui du titre dont je suis revêtu ? Il est honorable, sans doute, puisque je suis chargé de conduire au combat et à la victoire vos concitoyens, vos amis, vos parents, mais il n'est pas lucratif, vous en serez convaincus lorsque vous saurez que mes appointements me sont payés en assignats, valeur nominale, et que mon épouse est obligée de m'envoyer les modiques fruits de ses épargnes pour pourvoir à mes besoins.

Non, citoyens, ce n'est point aux armées qu'on fait fortune, ce n'est point elle non plus que les militaires recherchent, nous n'ambitionnons que l'honneur d'assurer le triomphe de la Patrie, et c'est à vous à prendre soin du dépôt sacré que nous vous avons confié, nos femmes et nos enfants; vous devez en être les protecteurs, les appuis.

Ce ne sera pas en vain, citoyens, que je vous aurai fait entendre mes plaintes, vous fairez droit à ma juste réclamation. Je suis bon citoyen, mon épouse l'est de même, nous voulons l'un et l'autre coopérer aux dépenses de l'Etat de toutes nos facultés. Ces devoirs nous sont chers et nous sommes loin de vouloir nous y soustraire, mais nous ne devons pas éprouver de vexations et c'en sera une si nous sommes portés au-dessus de la première classe de l'emprunt forcé.

Il appartient aux communes de la Vendée de vexer les patriotes et les défenseurs de la Patrie, mais j'ai la confiance de trouver la justice que je réclame dans une administration où je ne connais que de bons citoyens et des amis.

> *Le général de brigade commandant la 2ᵉ division*
> *de l'armée de Rhin et Mozelle,*
>
> Mᵃˡ Vachot.

Vu la pétition cy-dessus, l'Administration municipale du canton de Chameyrat estime que le citoyen Vachot a été compris au rôle de l'emprunt suivant sa fortune et ses facultés. L'administration départementale y aura tel égard qu'elle jugera convenable, attendu que le pétitionnaire est un deffenseur de la Patrie.

A Chameyrat, ce vingt et un germinal an quatrième de la République française une et indivisible (10 avril 1796).

> Boredon, agent ; Favé, agent municipal ;
> (une troisième signature illisible).

[Arch. de M. Clément-Simon.]

UNE CORRESPONDANCE.

Nous allons donner la plus grande partie des lettres de Vachot à Bussière : elles peignent bien le soldat et l'homme. Malheureusement, celles de 1794 à 1797 n'ont pas été retrouvées.

Voici d'abord un spécimen de l'écriture du général :

Au Cit. Bussières.

Strasebourg le 28 août 1793 2ᵉ
de la Rép. frˢᵉ une et indivisible.

Comment te peindre ma surprise, mon cher ami, à la
réception de ce paquet que tu m'as adréssé, j'ai eu de la peine
à en croire mes yeux, aurois-je pu m'attendre à un témoignage
aussi éclatant de la bienveillance, de l'estime et de la confience de mes conçitoyens. C'est pour moi le faite de la gloire,
et c'est à mon ami à qui je le dois, non jamais l'amitié n'a été
servie avec autant de zèle et d'une aussi manière eficace : je
ne te parlerai point de reconnoissance je connois trop bien ton
cœur, et que pourrois-je d'ailleurs te dire qui approchât de ce
que je sens, mon silence te peindra mieux que mes discours
les sensations de mon ame tu sçais qu'elle est aimante et que
mon cœur n'est point ingrat : mais revenons à ce que tu as
fais pour moi je vais t'en parler avec franchise et avec un
esprit dégagé de tout préjugé : Réponds-moi avec vérité ? en
sollicitant pour moi un poste délicat et difficile as-tu comparé
les grandes obligations qu'il renferme avec les talens que je
possède, as-tu fais attention que lorsque les cy-devant étoient
appellés à un poste important une prévention favorable, suite
du préjugé, les y accompagnoit, et qu'un sentiment contraire,
suite du même préjugé, m'y précédera sans doute, as-tu calculé la jalousie de mes camarades et l'effet qu'elle peut pro-
duire. Toutes ces considérations jointes à la crainte que mon
peu d'expériance me fasse commettre des fautes qu'on me
pardonneroit moins qu'à tout autre, a mis un frein à la joie qui
devoit naturellement résulter d'une nouvelle aussi flateuse. Je
t'ai fais part de mes sollicitudes, je vais te faire part de mes
résolutions : Si je suis placé comme je m'y attend au poste
que vous m'avez désigné je l'accepterai. Pour ne pas tromper
l'attente des personnes qui se sont interressées à moi, je le
conserverai tant que je pourrai faire le bien, et ne craindrai
point de blesser mon amour propre en l'abdiquant sitôt que
l'intérêt de ma Patrie pourroit être compromis en le conser-
vant. Si j'y étois placé, le premier de mes soins seroit de
m'investir de la confiance avant coureur de la victoire et de
me perfectionner dans la connoissance de mes devoirs, enfin,
mon cher ami, si je commets des fautes ne les attribuë ni à ma

timidité ni à mon insouciense, je ne serai ni lache ni négligent
mon état sera mon unique occupation et bien mériter de ma
Patrie sera mon unique embition, heureux si par un dévouement sans bornes et un amour inaltérable de la liberté que je
suis résolu à deffendre jusqu'à la dernière goutte de mon sang
je puis me rendre digne de mon ami et de l'estime de mes
concitoyens.

Je t'embrasse très cordialement et ne suis pour toi que le
même parce que rien ne peut être changé à mes sentimens.

Vachot.

.P.-S. — J'écris par le même courier, au département, au
district, à la municipalité, à la société pop^{re}, au cit. Brival et
à notre ami Sage, je ne sçais si je m'en serai acquitté d'une
manière analogue à ce qu'ils ont fait pour moi, si j'ai manqué
en quelque chose j'attend de ton amitié que tu me le fairas
connoître afin que je le répare.

Au cit. Bussières.

Strasebourg, le 13 septembre 1793,
2° de la Rép. fr^{so}, une et indivisible.

Je viens de recevoir, mon cher ami, une lettre du ministre
de la guerre qui m'annonce que je suis promu au grade d'adjudant général chef de bataillon à l'armée du Rhin. Je m'empresse de t'annoncer cette nouvelle, convaincu d'avance du
plaisir qu'elle te faira. Je n'ai pas besoin de te répéter que c'est
à toi que je dois un tel avancement ni de te peindre les sentimens qu'un tel procédé m'inspire, tu rends justice à mon cœur
j'en suis persuadé, c'est pour quoi je garde le silence et ne te
parle point de reconnoissance, car comme je te l'ai déjà écrit
tout ce que je pourrois te dire est bien au dessous de ce que
je sens.

Je vais partir à l'instant pour Weissembourg prendre les
ordres du général en chef. Je ne t'en dis pas davantage dans
ce moment mais je ne tarderai pas à te récrire. Je te prie de
communiquer ma lettre à Sage qui m'a prouvé son attache-
ment, je l'assure de la sincérité du mien et que je suis vive-
ment pénétré de ce qu'il a fait pour moi. J'écris par le même
courier au département, au district, au Conseil général de la

commune, à la Société, et au citoyen Brival. Fais-moi savoir si j'ai manqué à mes devoirs envers quelqu'un de ceux qui se sont interréssés à moi, adieu, je t'embrasse et suis toujours le meilleur de tes amis.

VACHOT.

P.-S. — Hier 12 du présent il s'est opéré une attaque sur toute la ligne depuis Huningue jusqu'à Weissembourg, et peut-être plus loin, car je pense qu'elle a dû être générale dans toute la République, on en ignore encore le résultat, je te dirai seulement que nous avons beaucoup d'espoir pour la victoire, notre armée du Rhin est formidable, le peuple s'est levé en masse et veut la liberté à quel prix que ce soit, la garde nationale d'ici s'est montrée on ne peut mieux, une partie est allée à Weissembourg, une autre partie fait le service de la place et le reste est occupé au siège de Kelp, distant de la citadelle de la portée du canon, on l'a attaqué hier et la canonade et le bombardement ont commencé à cinq heures et demy, il a brûlé hier toute la journée et brûle encore, le bombardement continue et au moment que je t'écris j'entends encore le bruit du canon. On n'a pu encore tenter ici le passage du Rhin par la trahison d'un chef de pontoniers qui a mis toutes les entraves possibles pour la fourniture des bateaux nécessaires à cette opération, le traître est arrêté, on passera vraisemblablement ce soir, cette nuit ou demain matin, on prétend qu'une colone a déjà passé vis-à-vis le fort Vauban, cette nouvelle mérite confirmation. Sous peu je t'apprendrai vraisemblablement des nouvelles satisfaisantes, notre armée seule de Weissembourg doit être de plus de deux cent mille hommes.

Vauzanges, volontaire au 1er bat^{on}, m'a chargé plusieurs fois de te faire des compliments de sa part lorsque je t'écrirois, je m'en rappelle, je m'en acquitte.

Ertvelde, le 16 septembre 1809.

J'attendais, mon cher ami, pour t'écrire, d'occuper un poste fixe, car depuis mon arrivée à l'armée, qui a eu lieu le 30 du mois dernier, je n'ai cessé d'être ambulant, et il est vraisemblable que je ne serai pas ici dans quatre jours : nous occupons un pays mal sain qu'a occupé la mer et qui sans les digues qui le préservent serait encore son domaine. Il n'est pas plus question ici d'Anglais que s'il n'en eut jamais existé ; ils nous envoyent, de temps en tems, quelques boulets que nous leur rendons et qui ne font de mal à personne ; voilà à quoy se réduit notre guerre : ils nous ont pourtant pris Wleissingen, dit Fleyssingue, qu'il faut reprendre à tout prix, parce que ce point est extrêmement essentiel pour nous puisqu'il est à l'embouchure de l'Escaut et en protège la navigation, mais il faudra faire des sacrifices. On crie beaucoup ici contre la capitulation du général Mounet et je crois qu'on a raison, mais il faudrait entendre ses raisons pour le juger. Les Anglais ne nous ont pas fait le mal qu'ils pouvaient nous faire ; rien ne les empêchait de remonter l'Escaut, de détruire notre sentier et notre flotte qui est conséquente, ils pouvaient en outre lever des contributions, sur tout à Anvers qui est une ville extrêmement opulente; ils le pouvaient d'autant mieux que le pays était presque sans défense, aujourd'hui ils ne peuvent plus rien, nous sommes en mesure et grandement en mesure. Les cohortes de gardes nationalles rivalisent entre elles d'émulation pour l'instruction, les corps d'officiers sont très bien composés, il y a beaucoup de zèle, je puis même dire de l'enthousiasme. Voicy un fait que vous aurez de la peine à croire ; le dép^t de la Mozelle avait à fournir 3,000 hommes, lorsque les majors ont eu réuni la levée, pour l'organisation de trois cohortes de 1,000 hommes chacune, il s'y est trouvé 10,000 h. On n'a été embarrassé que pour le choix.

J'aurais désiré avoir quelque chose de neuf à t'apprendre, mais comme je te l'ai dit nous ne faisons pas la guerre, je fais celle de plume, je suis dans la bureaucratie jusqu'au col, moi qui ne l'aime guerre, nos mouvements ont été jusqu'à présent si multipliés que je ne fais, jour et nuit, que recevoir et transmettre des ordres ; avec cela ma santé s'est améliorée ; cette vie active que je mène depuis mon départ y a contribué. Je t'avouerai pourtant, qu'aux instants de repos que me laissent mes occupations mes pensées se reportent sans cesse vers mon pays ; j'analise le sacrifice que j'ai fait de mes habitudes, mes pensées se reportent tristement sur ma femme, sur mes enfans et sur mon ami, je m'étais attaché à l'idée que le genre de vie

que j'avais adopté ne devait plus changer, et je l'avouë, j'étais
dans une position telle, que je ne désirais rien audelà de ce
que je possédais ; voila, mon ami, si je ne me trompe, le point
où se trouve le bonheur. Un devoir indispensable a renversé
tout mon système, mon âme va recevoir une nouvelle trempe,
de nouveaux ressorts vont la mouvoir et j'espère ne pas me
rendre indigne de l'estime de mes concitoyens, et sur tout de
ton amitié.

Je suis parti sans voir Laval cadet de qui j'ai reçu des hon-
nétetés, de Floucaud aussi, dis à ce dernier qu'il se procure
des nouvelles positives de son frère, je pourrais peut-être le
prendre pour aide camp si la chose était possible, j'ai besoin de
connaître son grade, le corps auquel il appartient et le lieu où
il se trouve. Dis de ma part les choses les plus amicales à
Chammard, donne-moi des nouvelles de sa tante. J'en dis
autant à notre ami Laval, à Floucaud et à mon ancien collè-
gue Vergne. Dis aussi à Mas, mon hôte, que je n'ai pas oublié
ses honnêtetés, je fais des compliments à sa femme. Et pour
toi, mon ami, c'est toujours l'assurance de cette vieille amitié
qui durera autant que moi. J'ai l'honneur de renouveller à
madame Bussières l'hommage respectueux de mon attache-
ment ; je lui dois aussi celui de la reconnaissance pour le tendre intérêt qu'elle m'a manifesté à mon départ.

As-tu communiqué à Veilhan[1] la commission dont je t'ai
chargé pour lui, fais-m'en connaître le résultat : je désirerais
bien que ma femme put toucher cet argent ne lui en ayant pas
laissé à mon départ.

    Le meilleur de tes amis,   Vachot.

Voicy mon adresse : A Mr le gal de bde Vachot, employé à
l'armée de la tête de Flandre, à Gand.

Je n'ai pas encore reçu de
nouvelles de ma femme,
donne-m'en je te prie.

Il faut que je te dise encore un mot, j'ai fait une visite à
Anvers au prince de Pontecorvo, il m'a très bien accueilli, il
s'est d'abord rappellé de moi, nous ne nous étions jamais vú
mais nous avions été voisins à l'armée du Rhin et de la Mozelle, il est d'une humeur gaie et il est fort aimable.

---

(1) Il avait été aide de camp du Général.

Lille, le 23 octobre 1809.

Je t'ai écrit hyer au soir, mon cher ami, une fort longe lettre que je déchire ce matin, elle se ressentait trop de la situation de mon esprit, qui n'était rien moins que tranquille, le sommeil a appaisé son effervessence je suis plus raisonnable et plus circonspect : tu vois par mon emplacement que je ne fais plus partie de l'armée active, je suis attaché à celle de réserve, sous les ordres de M^r le maréchal duc de Conegliano : j'ai perdu au change en raison de mon traitement qui se trouve, par cela, diminué d'un tiers, et la dépense augmentée dans la même proportion, j'ai mis en avant tous mes capitaux afin de pouvoir me présenter d'une manière décente, je ne sais si cela rentrera ; une gratification de campagne ne m'a point encore été payée, j'en aurais pourtant besoin car je suis presque sans le sol ; tu vois, mon ami, que tout ce qui brille n'est pas or : encore ma situation est elle un peu plus gaye que celle de mes camarades qui, de nouveau viennent d'éprouver la réforme, les trois quars au moins sont rentrés chez eux comme ils en étaient sortis en vertu d'une décision du ministre de la guerre du 29 septembre dernier, j'ai eu le bonheur de n'être pas atteint par cette réforme, je pourrais rétablir mes affaires, en usant d'économie, si j'étais conservé, ce que la paix, qui vient d'avoir lieu, ne permet guerre d'espérer. Les généraux réformés, eussent été contens, si on leur eut seulement accordé la décoration, cette récompense les eut en quelque façon dédommagés de l'espèce d'opprobre qu'il y a, à être si promptement congédié ; si j'éprouve le même sort j'ai la confiance que mes concitoyens ne m'en verront pas plus mal, puisque cet événement est indépendant de moi.

J'ai écrit à Sartelon, de qui j'ai beaucoup à me louer, de solliciter pour moi de l'employ en Espagne, si dans peu, je n'apprend rien sur cela, je m'adresse directement au ministre ; tu désaprouveras peut-être cette démarche, mais si tu examine la chose de près tu te convaincras que le seul moyen de sortir de l'obscurité où une longue retraite m'a plongé est la guerre, toutes les chances personnelles me parraissent favorables, car dans le cas d'un évincement malheureux pour moi, ma famille serait assurée d'obtenir des secours du gouvernement, dans

le cas contraire j'ose compter sur une mention honorable de
ma conduite.

Je passe ici mon temps assis tristement, l'étude est ma prin-
cipale occupation, j'en avais besoin : depuis une dixaine de
jours que je suis ici je n'ai pas encore mangé chez moi ; je
mange tantôt chez M^r le maréchal qui a la bonté de me placer
à côté de lui, M^r le sénateur Latour Maubourg me traite avec
beaucoup d'amitié, je suis souvent chez lui, nous allons pro-
mener ensemble à cheval, je me suis lié d'une assès bonne
amitié avec un ci-devant comte aujourd'hui mon camarade.
Hé bien ! le croirais-tu, mon ami, au milieu de ces festins bril-
lans, où la vue est éblouie par l'éclat de la richesse, je pense
tristement à mon humble chaumière, à mon ami, je soupire
après l'instant heureux de me trouver seul dans mon appar-
tement.

. . . .

VACHOT.

Ostende, le 18 septembre 1810.

Voilà déjà bien longtoms, mon cher ami, que je ne t'ai
donné de mes nouvelles, et je differerais peut-être encore, sans
la crainte d'une fausse interprétation de ce retard ; ainsi, mon
ami, n'attribue mon silence ni à négligence ni à un refroidis-
sement qui n'aura jamais lieu dans l'amitié que je t'ai vouée,
je connais trop le prix de la tienne, et elle m'est trop chère,
pour ne pas donner à sa culture tous les soins qui peuvent
m'en assurer la possession.

Je m'attendais de jour en jour à t'annoncer une décision sur
mon sort ; j'avois de puissans motifs de la présumer satisfe-
sante ; premièrement la bienveillance du ministre, dont je ne
puis douter, et ensuite l'accueil favorable que j'ai reçu ici de
l'empereur : néanmoins rien n'est encore décidé, quoique,
d'après ma demande, Son Ex^ce m'ait nominativement proposé
à Sa Majesté, depuis trois mois, pour être employé en Espagne ; ce travail du ministre est encore chês l'empereur où il
parrait avoir été oublié ou égaré : cependant, jusqu'à un certain point, je n'ai point à me plaindre, recevant, d'après les
ordres de S. Ex^ce mon traitement d'activité comme disponible

quoique depuis le 20 du mois dernier je sois sans fonctions.
Tu t'imagineras facilement, mon ami, qu'un tel état d'incertitude est, sous bien des rapports, fort désagréable, et que l'impatience qui ne m'est que trop naturelle, contribue à me le
rendre plus facheux encore ; aussi, me suis-je adressé à mon
général de division pour le prier de solliciter pour moi une
décision ; j'en ai reçu aujourd'hui la réponse la plus flatteuse,
il m'annonce avoir écrit au ministre et rendu un compte satis-
fesant de la manière dont j'ai servi sous ses ordres, tant à
l'armée du Nord que dans le commandement du département
de la Lys dont j'ai été chargé pendant quatre mois, il me fait
espérer un prompt et favorable dénouement ; j'attends donc
sans trop me flatter, ni renoncer entièrement à mes espéran-
ces. Je dois désirer de conserver un état dont les avantages
sont immenses, de l'indifférence sur cela, serait ridicule et
ne pourrait qu'être le fruit d'un amour propre déplacé : mais
je puis, en même tems, t'assurer, avec vérité, que forcé de
renoncer à mes espérences, j'en perdrai aussi-tôt le souvenir.

S'il n'était point aussi fastidieux de ne t'entretenir que de
moi, je te dirais encore, mon ami, que dans quelques souvenirs qui en troublent la douceur, mes jours s'écouleraient ici
avec assès d'agrément, je suis bien vu et recherché des meilleures sociétés, je suis invité à toutes les parties de campagne, qu'on appelle dans le pays *kermés*, on y trouve d'excel-
lens diners et des femmes charmantes, malheureusement mes
années me pèsent et ma tête commence à se couvrir de frimats :
vigueur de la jeunesse pourquoi me quittes-tu !... et toi, mon
ami, comment passes-tu ton tems, mets-le à profit, il ne re-
viendra pas. Munissons-nous de souvenirs pour nous en ali-
menter un jour.

Je ne te dis rien de notre officier, il est des hommes qui ne
gagnent rien à être connus ; celui-là pèche par le cœur, il est
trop de sa nation, mais il a de l'adresse et de l'astuce ; je l'ai
connu assès à tems pour n'être pas sa dupe, quoique j'ay à
regretter de lui avoir accordé un instant ma confience : il faut
le dire à notre gloire, mon ami, les amis de notre trempe ne
se trouvent nulle part, aussi me ferai-je gloire d'être, sans
réserve, le tien pour la vie.

VACHOT.

Ostende le 17 octobre 1810.

Je me réjouis et te félicite, mon cher ami, de te voir père d'un nouveau garçon; fasse le ciel que tu sois plus heureux avec celui-ci que tu ne l'as été avec les autres; le sort las, enfin, de t'être contraire, vient de te donner une consolation qui, je l'espère, sera permanante et te dedommagera des pertes, trop sensibles, que tu n'as que trop éprouvées ; un avenir plus heureux se présente à toi et fera oublier tes regrets.

Permets-moi, mon ami, de te témoigner ma surprise de voir dans ta lettre un ton de tristesse que je ne puis concilier avec la joie qu'a dû te causer le présent que le ciel vient de t'envoyer : une perte de 3,000 fr., à supposer que tu l'éprouve, ne peut opérer ta ruine et rien ne peut réparer les ravages causés par le chagrin : n'as-tu pas une épouse vertueuse, une famille aimable, un nouveau venu qui porte l'espérance, une honnète fortune, un bon ami et sur tout une conscience sans reproches ? que de motifs de satisfaction ! on pourrait être heureux à moins.... mais hélas ! c'est notre imagination qui fait tous nos maux, comm'elle est la source de tous nos plaisirs, c'est la manière d'envisager les objets qui en fait la différence. Diogène était heureux dans son toneau, comme Job sur son fumier et le monde ne pouvait suffir à Alexandre. Moi-même qui m'avise de donner des conseils ne suis-je pas d'une tristesse insupportable, tandis que bien d'autres, dans ma position, croiraient n'avoir plus de vœux à former : telle est pourtant la mobilité de l'esprit humain, qu'on vole à de nouveaux désirs, sitôt qu'on les a satisfaits. Quel est donc ce langage, te dis-tu à toi-même : sa précédente avait un ton de contentement qui contraste si fort avec celle-cy : oui, mon ami, je te dis la vérité; la vie monotone que je mène, l'inactivité à la quelle il parrait que je suis condamné, mon éloignement, pour ne pas dire mon aversion, pour les plaisirs bruyans, le souvenir des occupations dont je m'étais fait une habitude et plus que cela encore, mon éloignement de ma famille et de mon ami, toutes ces choses affaissent mon esprit et troublent mon repos : je ne pense pas comme Pirrus, je n'attends pas pour me reposer d'avoir satisfait mon embition, je serais disposé à commencer dès aujourd'hui; cependant, je ne serais

pas fâché de faire quelques campagnes, et j'ai l'amour-propre
de croire que je ferais mon devoir de manière à être remarqué,
mais que sais-je ce qu'on fera de moi et en attendant, je
m'ennuye parceque je suis sans occupations, l'inactivité est
pour moi un poison mortel.

Enfin, mon ami, tu vois que nous avons nos peines l'un et
l'autre; sont-elles réelles, ou bien ne seraient-elles que le fruit
d'une imagination trop ardente ? quoiqu'il en soit, si la nature
nous a fait un caractaire un peu bizarre, elle nous a dédommagés en nous donnant un cœur sensible ; le mien éprouve plus
que jamais qu'il t'aimera toujours.

VACHOT.

P.-S. — Si je rentre dans mes foyers, ce que je ne puis ni
affirmer ni infirmer, tu ne doutes pas que je ne me fasse une
vraie jouissance de partager ma bourse avec toi.

Je ne sais comment interpretter le silence de Brival je lui ai
écris deux fois sans en recevoir de reponse.

Mes respects affectueux à ta respectable épouse.

Ostende, le 5 avril 1811.

Mon silence t'étonne, sans doute, mon cher Bussières, et tu
accuse, peut-être, mon amitié. Rends-moi plus de justice ? ce
sentiment est, en moi, d'une nature telle qu'il ne peut éprouver
d'altération ; les circonstances en suspendant les traits de ma
plume n'ont pu diminuer les affections de mon cœur; tu sera
toujours l'ami de prédilection, nul ne peut te remplacer.

C'est en vain que j'ai attendu, pour t'écrire, une décision
sur mon sort; une espérence toujours alimentée et toujours
trompeuse n'est encore que ce que j'ai pu obtenir ; quel sera
le terme de mon incertitude ? je l'ignore. Quelle sera la décision que j'attend ? je l'ignore encore. Cependant ma position
est fâcheuse tant par les tourmens de l'attente, que par une
accablante inactivité.

Il faut que tu sache, mon ami, que, depuis environ six mois,
je suis sans fonctions, jouissant, néanmoins, du traitement
d'activité attaché à mon grade : cet état de choses me fait
entrevoir deux chances opposées; d'un côté j'ai la certitude
que, chaque fois, dans son travail journalier, le ministre me

présente à l'empereur comme disponible, avec de bonnes notes, sans obtenir de décision : il est évident, d'après cela, que Son Ex^ce, est envers-moi, dans des dispositions favorables, mais puis-je me flatter de même sur celles de Sa Majesté ? Aussi suis-je tout préparé à revoir mes pénates : ce dernier parti, ne consultant que mon gout, serait ce qui me conviendrait le mieux ; mais je ne dois point te le dissimuler, l'intérêt de ma famille me porte à former d'autres vœux : ce n'est pas que mon état présente l'aspect d'une fortune assurée, comm'on le croit communément, car les dépenses étant en proportion du rang, le traitement ne pourrait y suffire sans les effets de la munificence de l'empereur qu'on n'obtient, comme cela parrait juste, que par des services signalés. C'est dans les dernières guerres que les généraux se sont enrichis, l'occasion m'ayant manqué, tout me reste à faire : c'est donc sur le théâtre de la guerre que je dois la chercher, c'est ce que je viens de solliciter dans des expressions convenablement réservées, mais pressentes, au hazard de ce qui peut en résulter.

Quel que soit le sort qui m'est réservé, il ne peut, ni m'abattre, ni m'enorgueillir, je subirai ma destinée avec cette résignation que commande la raison : n'étais-je pas heureux dans ma chaumière ? Peut-il exister deux espèces de bonheur ? ne retrouverai-je pas ce que j'ai laissé ? Si au contraire il me faut parcourir une carrière différente, j'y apporterai les dispositions qu'elle exige et dans tous les cas je resterai sincèrement ton ami.

C'est assèz t'entretenir de détails fastidieux ; je ne doute pas que ton amitié indulgente ne les acceuille favorablement. Parle-moi, à ton tour, de ce qui t'intéresse, ne crains pas de m'ennuyer : Ce n'est que dans le sein de l'amitié qu'on peut déverser les amertumes de la vie, ce n'est que par d'affectueux épenchemens qu'on peut soulager son cœur et donner de l'extension à ses plaisirs. *Qui non diligit manet in morte.*

....

Donne-moi quelques nouvelles de nos connaissances, donnem'en sur notre cité, ce qui interresse notre pays est toujours précieux lorsqu'on en est éloigné.

Il ne me reste plus, mon cher ami, qu'à former pour toi les

vœux les plus sincères, dictés par l'amitié la plus tendre, en attendant, ou le plaisir de t'embrasser, ou de t'apprendre ma nouvelle destination. Ton invariable ami.

VACHOT.

Ostende, le 24 avril 1811.

. . . .

Permets-moi de t'observer encore que, j'ai de la peine à me persuader que tu parvienne à changer les hommes, je crois qu'ils sont et seront toujours ce qu'ils ont été, au reste le bonheur est une chose si vague qu'il me parrait impossible d'assigner des règles pour le fixer : Chacun peut être heureux à sa manière ; Crésus l'était au milieu de ses trésors, Job dans l'excessive misère : Employons donc les ressources de notre esprit à assurer notre propre félicité et appliquant, à nousmêmes, les règles de la sagesse; rendons, s'il est possible, notre ame imperturbable dans les revers de la fortune, comme dans la prospérité ; c'est, en cela, plus qu'en toute autre chose, qu'on se montre supérieur aux autres hommes.

Tu as pris part, mon cher ami, à ma position, comme je m'y attendais ; elle est facheuse, sans doute, par l'incertitude où elle me laisse, moins que par les résultats qui doivent s'en suivre. Je t'assure que, tout bien considéré, il me serait plus avantageux de me retirer avec ma retraite ou ma réforme que de continuer à servir, car la représentation qu'exige mon grade entraine une dépense à la quelle ne peut suffire le traitement, et comme je n'ai que cette ressource pour y faire face, je serai toujours loin de pouvoir parraître comme mes camarades dont la fortune est assurée par des dotations et autres évènements qui les ont favorisés : C'est donc bien sincèrement que je désire de rentrer dans mes foyers.

. . . .

Ton ami bien sincère,

VACHOT.

Breme, le 9 mai 1812.

Je n'ai retardé de t'écrire, mon cher Bussières, que pour avoir occasion de t'apprendre quelque chose d'intéressant ; je n'atteindrai point mon but mais mon impatience ne me permet pas d'attendre plus long-tems de tes nouvelles : on regarde ici la guerre comme certaine malgré quelques apparences qui pourraient en faire douter. Nos préparatifs sont immenses et notre armée est la plus belle qui ait jamais existé : il sera frappé de grands coups et les Russes recevront une leçon dont ils ont besoin ; il faut qu'ils apprennent à mettre de la bonne foi dans leur traités et à ne pas se jouer d'un gouvernement qui a la volonté et les moyens de faire respecter ses droits ; si le système continental eut été suivi nous jouirions vraisemblablement de la liberté des mers et notre ennemi serait aux abois : je considère nos succès comme certains et le quartier général de l'empereur sera, avant la fin de l'année, à Petresbourg.

Il m'est pénible, mon cher ami, de rester spectateur passif des grands événements qui se préparent, car rien n'annonce encore que je sois destiné à y prendre une part active : chargé du commandement du dép¹ des Bouches du Weser je ne puis attendre que d'une heureuse circonstance un emploi à l'armée ; mes vœux l'appellent, parce que ce n'est que là que je puis espérer de réparer le tems perdu : Cependant comme il n'est point en mon pouvoir de donner une direction à ma destinée, il faut me résoudre à subir celle qui m'est préparée qui, au reste s'annoncerait sous d'assès heureux auspices sans les contraires qui s'y mêlent : mon commandement est important et agréable, mes relations de service avec le préfet sont amicales, et mon général de division ayant conçu de moi une opinion favorable, me donne les témoignages de bienveillance les plus flatteurs : il est donc certain que j'aurais lieu d'être satisfait de ma position sans les souvenirs amers qui troublent mon repos : l'idée, toujours présente, de l'état déplorable où j'ai laissé ma maison, l'abandon où se trouvent mes enfans, la distence immense qui m'en sépare et enfin le foible espoir de voir changer cet ordre de choses ne balancent que trop les avantages dont je puis jouir d'ailleurs.

Comment penser sans éprouver une inquiétude profonde que mes intérêts les plus chers sont entre les mains d'une enfant ? quels que soient mes motifs de confience pour Juliette n'ai-je pas tout à redouter de son âge et de son sexe ? quelque raisonnable qu'elle soit puis-je me promettre qu'elle ait assès d'influence sur ses frères pour les maintenir dans la bonne voie, et la pauvre fille n'est elle pas surchargée d'un poids bien au dessus de ses forces ? tu es père et de plus mon ami, tu apprécie et partage mes alarmes.

Voila, mon cher Bussières, l'ensemble des biens et des meaux que j'éprouve; si d'un coté la fortune me sourit, de l'autre elle me traite avec infiniment de rigueur; au reste mes conplaintes ne peuvent rieu changer à l'état de mes affaires je suis bien forcé d'en abandonner le cours à l'aveugle destin qui, peut être, me servira mieux que ne pourraient le faire tous les calculs de ma prévoyance.

J'attend, mon cher ami, de tes nouvelles avec bien de l'impatience, tu me parleras, sans doute, de ma famille que j'ai confiée à ta surveillance, l'amitié en sentinelle ne peut qu'être un gardien fidèle, tu me parleras de ta femme et de tes enfans, je m'intéresse, tu le sais, à tout ce qui te touche. Plus heureux que moi, tu n'es point exposé aux tribulations et aux vicissitudes que j'éprouve; tu goute au milieu de tes pénates les charmes de l'hymen et les jouissances de la paternité; tu y reçois les caresses de tes enfans tandis que je ne suis pas même assuré de revoir les miens; jouis de ton bonheur autant et aussi long-tems que je le désirerais pour moi-même.

Veux-tu bien te charger de vérifier à la préfecture si Martial Vaur l'un de mes domestiques est à l'abri d'être désigné pour faire partie du contingent du département dans la levée du 1er ban de la garde nationale ? veux-tu bien aussi faire savoir au meunier de la Marque que son enfant se porte et se conduit bieu ? demande lui l'acte de naissance qu'il devait me remettre à mon départ et que tu m'enverras avec ta réponse sous le couvert du préfet; Duval te fera cela. Dis à Floucaud que son frère ne me donne aucune de ses nouvelles que cependant ne pouvant me passer d'aide de camp je ne pourrai attendre long-tems encore. Adieu, mon cher ami, donne-moi de tes nouvelles et de celles de ta famille je vous aime tous bien sincèrement.

Vachot.

Rappelle moi au souvenir de Mr Vergne et Soubrane je leur renouvelle l'assurance de mes sentimens affectueux.

Brême, le 16 juillet 1812.

. . . .

Au demeurant, mon cher ami, je suis loin de cet état de contentement que tu supposes, que d'autres supposent aussi ; si tu avais bien réfléchi sur ma position, tu aurais apperçu les peines qui pèsent sur mon existence, et laissant de côté les préjugés vulgaires, tu aurais senti qu'il est impossible que je sois heureux, ayant le sentiment de mes affections : je conçois que si, comme un vil égoïste, j'oubliais mes affaires domestiques je trouverais des jouissances qui, organisé comme je le suis, ne peuvent me procurer de saveur ; tu connais assès mon caractère et tu as eu assès d'occasions de me juger pour savoir que je ne pourrais me préférer aux personnes que j'affectionne et que je ne balancerai jamais à me sacrifier pour leur avantage. Que deviendraient mes pauvres enfans si j'allais les perdre de vue, où sont leurs protecteurs, qui serait leur appui ? je ne peux me dissimuler qu'ils n'ont que moi dans le monde.

Je ne puis t'apprendre rien de nouveau ; je persiste à croire que nous allons remporter de grands avantages sur les Russes, tout porte à croire que dans peu nous apprendrons de grands résultats. Cette guerre ne peut être dangereuse pour nous, mais ses suites seront de la plus grande conséquence et amèneront des évènemens imprévus : ce pays-ci n'est pas dépourvu de troupes, elles n'y sont pas inutiles, j'ai une bonne garnison, la tête est bien gardée et si les Anglais, ou tous autres, formaient quelque entreprise, ils trouveraient à qui parler.

Tu ne m'as pas donné des nouvelles de ta famille, tu ne m'en a pas donné de la mienne, relis ma lettre et vois si tu m'as fourni les détails que je t'ai demandés. Ne deviens pas indifférent pour moi, mon cher ami, tu sais combien je te suis attaché, à toi et à tous les tiens ; évite-moi cette nouvelle peine et compte sur cette amitié sincère que je t'ai voué pour la vie.

VACHOT.

Ton parent Pauphille, sous-lieutenant des douanes, m'a écrit de Lubeck pour m'engager à le recommander à son inspecteur ; je l'ai fait avec plaisir désirant bien sincèrement que ma recommandation ait un heureux résultat.

Brême, le 26 décembre 1812.

Je me décide enfin à t'écrire, mon cher Bussières, ne pouvant plus garder un silence qui m'afflige : je ne te dissimulerai pas que l'intention de le faire est souvent restée sans exécution par la difficulté de t'entretenir de choses qui pussent t'intéresser. Te parlerai-je de l'armée? les papiers publics t'ont mis au courant ; cependant vous n'êtes pas à portée de connoitre exactement la vérité et j'ai la certitude que vous exagérez nos pertes ; elles sont grandes, sans doute, mais elles vont être et sont déjà, en partie, réparées, de manière que dans quelques mois il n'y paroitra plus rien : nous avions en réserve des ressources immenses qui vont nous servir. Jamais prévoyance n'a été plus utile : ce n'est pas les Russes qui nous ont fait du mal, ils n'ont même pas pu tirer avantage de la malheureuse position où nous nous sommes trouvés et notre armée a acquis une gloire immortelle qui fera époque dans les annales du monde : ainsi, mon cher ami, ne vous alarmez pas, nous n'avons quitté une mauvaise position que pour la céder à l'ennemi, il lui est impossible de la garder, tout le pays qui l'entoure et ses derrières étant absolument ravagés ; il ne lui est pas plus aisé de nous faire quitter la Pologne, comment y réussirait-il maintenant que nous sommes pourvus de tout; puisqu'il n'a pu nous forcer à un pas de plus lorsque nous étions dans le dénûment le plus absolu ?

Mais laissons là l'armée pour nous entretenir d'une chose qui, j'en suis sur, ne peut manquer de t'inspirer quelque intérêt. Le neveu de Mʳ de Puységur se trouve sous-préfet de Brême, ce jeune homme, élève de son oncle, est au fait du magnétisme animal, il a été témoin et coopérateur des nombreuses expériances de Mʳ de Puységur ; dans une maladie grave il a éprouvé lui-même l'effet salutaire de cette précieuse découverte en mettant en pratique les ordonnances de la femme du maréchal dont il est parlé dans les ouvrages de son oncle où il est cité, (il se nomme Salpervick, il était alors auditeur au Conseil d'Etat), il a lui-même fait beaucoup d'expériences qui, toutes lui ont réussi, à la première occasion il doit en faire en ma présence et tu penses bien que j'y donnerai toute mon attention et que je ne manquerai pas de t'en faire connaitre les résultats.

Il est évident que les effets du magnétisme sont certains, que M. de Puységur n'est pas un visionnaire, ni un rêveur creux et qu'on ne doit attribuer les contradictions qu'il éprouve qu'à un vil intérêt, d'autant plus méprisable, qu'il se trouve en opposition avec le bien de l'humanité.

J'osè prédire que la raison triomphera de l'égoïsme et que la découverte de Mr de Puységur, mise au grand jour et à la portée de tout le monde, deviendra un des plus grands bienfaits que les hommes ayent reçu.

Uu médecin distingué de cette ville, nommé Thrévéranus, que je connois particuliérement, maintenant professeur d'hystoire naturelle à Rostok, renommé pour ses vastes connoissances et sa phylentropie, s'est occupé fructueusement du magnétisme et vient de publier des experiences qui ont eu un plein succès : Peu à peu le nombre des prosélytes s'accroîtra, la force de la vérité est irrésistible [1].

Tu attends, sans doute, mon cher ami, quelques mots sur ce qui me concerne, j'aurai bientôt fait, ma position n'ayant point changé, avec cette différence, qu'entrainé par le torrent et les convenances, je reçois et fréquente la société : collé pendant des soirées éternelles à une table de jeu, il faut, par force, dévorer l'ennui d'une occupation aussi futile et perdre son argent avec grâce. Conçois tu mes jouissances ? Joins à cela un spectacle allemand et des repas d'étiquette et tu auras une idée de mes plaisirs : peuvent-ils être comparés à ceux que j'ai goûtés au sein de ma famille et de mes amis dans mon humble retraite ? non vraiment ! Ce n'est pas le vain étalage des grandeurs, une table bien servie, des équipages et des laquais qui constituent le bonheur : une honnête médiocrité doit suffire à l'homme raisonnable ; je n'en ai jamais désiré davantage et je soupire après l'instant qui me replacera dans cette heureuse position.

Donne moi des nouvelles de ta famille et de la mienne,

---

(1) On lit dans la réponse de Bussière :

« Les expériences qu'on a pu faire à Brême sur le magnétisme animal m'intéressent peu. J'apprécie l'idéologie et les idéologues à leur valeur. On doit se méfier de tout résultat qui ne peut être soumis aux opérations de l'analyse. »

donne m'en du pays et sur tout de ce qui t'intéresse. Pense,
mon ami, que nos jours s'écoulent avec rapidité, que nous
touchons à la vieillesse et que bientôt nous arriverons à la
caducité, la vie n'est déjà plus qu'un rêve pour nous, ne trou-
blons pas ce qui nous en reste par de vains projets qui ne se
réaliseront jamais ; restons hommes et n'ayons pas l'orgueil-
leuse présomption de pouvoir sortir de notre condition : il
existe, sans doute, de la différence entre les êtres d'une même
espèce, puisque rien ne se ressemble dans la nature, mais
celle d'homme à homme est si peu sensible qu'elle est à peine
perceptible ; jouis avec modération du lot que le sort t'a assi-
gné ; il ne t'a pas maltraité : une femme vertueuse, des enfans aimables, un ami sincère, une fortune honnête ; que te
faut-il de plus, ayant encore par dessus tout cela un état indépendant qui n'est pas le moindre de tes avantages : crois-tu
que je sois plus heureux, manquant de tout ce qui pourrait
satisfaire mon cœur ? Le bonheur s'établit souvent par comparaison : examine ce qui t'entoure et sois heureux autant que
te le souhaite ton véritable ami

Vachot.

Brême, le 25 février 1813.

Je dérobe, mon cher Bussières, au tems qui me presse quelques instans pour t'entretenir. Je fais mes préparatifs de
départ pour Magdebourg où je vais être employé dans la
2º div^{on} du corps d'observation de l'Elbe ; je ne tarderai pas à
être en présence de l'ennemi. Me voilà de nouveau lancé au
milieu des hazards de la guerre ; je l'ai sollicité et obtenu ; je
n'aurai donc qu'à m'en prendre à moi-même si ses chances
me sont défavorables : je me rends à l'armée avec l'intention
de bien faire et j'ai la confiance que tu n'auras pas à rougir de
l'amitié qui nous lie.

Ne penses-tu pas, mon ami, qu'ayant repris du service j'ai
dû chercher à tirer avantage de ma position et à utiliser mes
faibles moyens ? Que m'importe de vivre quelques années de
plus si mon existence doit être nulle pour mon pays et pour
ma famille.

Sans rien préjuger sur le sort qui m'attend et sans que cette
idée me cause la moindre altération, je dois me rappeller mes

enfans et leur malheureuse position et mon esprit sera en repos
lorsque je les aurai recommandés à l'amitié.

J'envoye à Juliette six mille francs, je n'ai conservé que ce
qui m'est indispensablement nécessaire : cette somme jointe à
ce qu'elle a déjà, placée convenablement, leur donnera un
intérêt qui pourra pourvoir à leurs besoins les plus pressens ;
j'ai donné à Juliette mes instructions à cet égard en lui pres-
crivant de te les communiquer et de n'agir que d'après tes
conseils ; tu sens, mon cher ami, sans qu'il étoit besoin de te
l'expliquer, la nécessité de cette précaution.

Je te recommande ma famille, c'est sur la vigilence de l'a-
mitié que je fonde ma sécurité, mon attente ne sera pas trom-
pée, j'en ai mon cœur pour garant.

Arrivé à ma destination et après avoir pris l'air du terrain,
je te donnerai, s'il est possible, des détails.

Quels que soient les événemens, compte, mon cher Bussières, sur ma constante amitié.

Vachot.

De Celle, en Westphalie, le 20 avril 1813.

Je t'ai annoncé, mon cher Bussières, mon départ de Brême
qui a eu lieu le 27 février. Depuis ce moment je n'ai pu te
donner de mes nouvelles ayant toujours été en mouvement ou
les communications ayant été peu sures; cependant j'ai écrit
à ma fille et l'ai chargée de te communiquer ma lettre, je n'ai
pas la certitude quelle lui parvienne, car au moment que je
l'ai fait partir le petit corps dont je fais partie était entouré
d'ennemis dont nous nous trouvons maintenant débarrassés,
ce qui me fait espérer que tu recevras celle-cy.

Me voilà, mon cher ami, engagé de nouveau dans les em-
barras de la guerre; ce genre de vie si différent de celui que
j'ai mené pendant mon inactivité ne m'a point affecté comme
je le craignais, tant il est vrai que les difficultés s'applanissent
en les abordant et que le mal vu de loin perd, de près, une
grande partie de son intensité.

Me voilà presque accoutumé aux fatigues de l'avant-garde;
être à cheval la nuit et le jour, supporter des privations, dor-
mir quelques heures sur la paille, ne point quitter ses bottes,

être sans cesse en allerte ; voila mon allure depuis un mois et demi environ, et jamais ma senté n'a été meilleure, le tems s'écoule sans y penser, l'ennui ne peut nous approcher ; quelques heures de tranquillité nous font oublier une journée de fatigue, un bon repas efface le souvenir des privations de plusieurs jours. Pour goûter des p'aisirs ne faut-il pas avoir éprouvé des peines, et celui qui n'a eu que des jouissances peut-il les apprécier, s'il est vrai que le bonheur s'établisse par comparaison ?

En débutant dans ma nouvelle carrière, je m'attendais à en reprendre le train par degrès ; point du tout, c'est en avant-garde que je suis employé, je fais partie d'un corps détaché dont je commande l'infenterie et l'artillerie, nous avons eu avant-hier notre première affaire dont nous sommes sortis triomphans, mais avant d'en venir là que de marches et de contre-marches n'avons-nous pas fait tantôt en avant tantôt en arrière, nous nous sommes d'abord portés sur Lunebourg, poussant les Russes et les Prussiens devant nous qui ne nous attendaient pas ; nous avons ensuite reculé vingt lieues sans en venir à un engagement, l'ennemi prenant nos postes lorsque nous les avions quittés, je n'entend parler que du corps dont je fais partie, car pendant ce tems nous avons été peu au courant de ce que faisait le reste de l'armée : enfin, nous sommes arrivés ici où, l'ennemi nous a suivit et nous a tenu en allarme pendant plusieurs jours parroissant sur tous les points qui entourent notre position de façon que pendant un instant nous n'avions aucune communication libre, ce qui nous a décidés à nous rapprocher de six lieues de l'armée dans la nuit du 17 au 18, après avoir fait la démonstration de prendre une direction opposée, cependant à peine avions-nous pris position que l'ennemi a paru; il n'a rien tenté, mais il nous a tenu toute la nuit en allarme en fesant tirailler à nos avant-postes les partis qu'il avait envoyés nous reconnoitre, mais il ne s'attendait pas qu'au point du jour nous reviendrions sur nos pas et que par une marche rapide nous ne lui donnerions pas le tems de se reconnoitre, en effet nous avons trompé sa confiance et son étonnement a été tel qu'à peine a-t-il songé à sa deffense, nous l'avons culbuté de poste en poste, en moins d'une heure nous avons été maitres de la ville sans qu'il ait pu se servir de son artillerie qu'il a sauvée au delà du pont auquel il a mis le feu, ce qui nous a empêché de recueillir tout le fruit que nous devions retirer de cette journée, cependant il a laissé douze morts sur la place, il en a retiré quelques autres, et il a eu de 60 à 80 hommes blessés, nous avons fait quelques prisonniers dont deux officiers. Mon infenterie a constament marché formée en deux carrés, l'artillerie au milleu, car nous n'avons eu à faire qu'à de la cavalerie. Je voudrais, mon cher ami, que tu vis cette fameuse cosaquaille, un de nos grenadiers en battrait dix à coups de poing comme quelques-uns que j'en ai vus, leurs chevaux ne valent pas mieux, dans le nombre de ceux que nous avons pris il y en a qui ne valent pas six francs. Je te prédis (et cet oracle est plus sûr que celui de Calchas) que les Russes seront battus et que la fin de la campagne nous trouvera sur les bords du Niemen.

Nous avons reconstruit hier un pont pour pousser une reconnoissance en avant, tout ce que nous avons trouvé sur notre chemin s'est sauvé à toutes jambes. Dans quelques jours nous aurons repris position sur l'Elbe que selon toutes les apparences nous ne tarderons pas à passer.

Je désire, mon cher Bussières, que cette petite relation te fasse plaisir, j'aurai soin de t'informer de ce qui nous surviendra d'intéressant, tu pourras compter sur la véracité de mes rapports.

Adieu, mon cher ami, donne-moi de tes nouvelles et de ta famille, je vous embrasse tous de bon cœur.

VACHOT.

Au camp de Neudorffen, Silésie, le 13 juillet 1813.

Mon cher Bussières, l'inquiétude que me cause le silence de ma fille me force à recourir à toi pour avoir de ses nouvelles : Je lui ai prescrit de m'écrire souvent quand même je ne lui écrirais pas, ce qui me porte à croire qu'elle aurait exécuté mes ordres si quelque cause facheuse n'y eut mis obstacle ; tire-moi donc, mon ami, de l'incertitude pénible ou je me trouve, en me faisant connaître la vérité.

Si Juliette est restée un mois et demi sans me donner de ses nouvelles, il est présumable qu'elle n'a pu faire autrement et

5

alors il est évident qu'il est arrivé quelque événement malheureux dans ma famille.

Je viens de lui envoyer trois traites du gouvernement, payables à vue, formant ensemble la somme de 3,500 fr. Je pense que Floucaud ne fera point de difficultés de les acquitter, s'il en était autrement il serait facile de les négocier moyenant une légère rétribution. En annonçant cet envoy à ma fille je lui ai fait connaître mes intentions pour ce qui te concerne, c'est-à-dire que je lui ai prescrit de te pretter si tu étais dans le cas d'avoir besoin d'argent.

Tu es étonné, sans doute, mon cher Bussières, des envois successifs d'argent que j'ai faits à ma fille et il est vraisemblable que tu en a tiré de fausses inductions ; pour te tirer d'erreur il me suffira de te dire que ma conduite loin d'être le résultat d'un accroissement de fortune n'est que l'exécution d'un conseil de prudence dicté par la tendresse paternelle : n'était-il pas, et n'est-il pas encore possible qu'il m'arrive un de ces événemens si communs à la guerre dont la suite laisserait mes enfans sans ressources, et n'est-il pas plus raisonnable de me réduire à l'absolu nécessaire que de garder un superflu qui serait perdu pour eux ? Il résulte de l'exécution de ce projet que j'ai envoyé à ma fille, ou peu s'en faut, la somme que j'ai emportée lorsque je l'ai quittée il y a environ 17 mois : il suit de là que ce qui me reste est le fruit de mes épargnes ; c'est peu conséquent et il est probable qu'en cas d'événement mes enfans n'en profiteraient pas.

Par suite de l'armistice nous nous reposons des fatigues d'une campagne courte et pénible, nous l'avons couronnée par une action très vive qui a eu lieu le 31 mai à une lieue en arrière de Breslau ; mon camarade le général Pastol qui commandait la 2ᵒ bᵈᵒ de notre division y a été tué ainsi qu'un de ses chasseurs d'ordonnance, l'autre a été blessé ainsi que ses deux aides de camp, le gⁿˡ de divⁿ a eu un cheval blessé et un de ses aides de camp. Je n'ai rien attrappé, mais je t'assure que j'ai long-tems entendu à mes oreilles cette musique qui plaisait tant à Charles XII. Mon second aide de camp a obtenu, sur mon rapport, la décoration pour une action d'éclat que je ne me suis pas vanté d'avoir partagée avec lui, entre nous

soit dit : l'on me l'a cependant accordée aussi sur la demande
du g^al en chef, et je ne l'ai pas volée.

L'armistice expire le 20, mais on dit qu'il est prolongé, si
cela est, c'est une présomption pour la paix : l'armée est de
beaucoup plus belle qu'en entrant en campagne, nous devons
donc nous attendre à des succès si les hostilités recommencent
et nous terminerons comme nous avons commencé.

Adieu, mon cher ami, donne-moi de tes nouvelles, de ta
famille et de la mienne, fais moi savoir si Juliette a reçu les
traites que je lui ai envoyées ainsi que mon argenterie.

Toujours ton meilleur ami,

Vachot.

Au camp de Neudorft, le 2 août 1813.

J'ai reçu, mon cher Bussières, le 30 juilliet, ta lettre du 9,
j'étais sur le point d'y répondre le même jour lorsque j'ai été
saisi de la fièvre qui, quoique éphémère, n'en a pas moins été
forte le tems qu'elle a duré; je crois que j'en serai quitte quoique je ne sois pas encore bien.

Je me persuadais que tu avais pénétré les motifs qui ont
rendu ma correspondance avec toi moins fréquante qu'autres-
fois; il est de si grandes différences entre les tems et les
choses que les conséquences ne peuvent être les mêmes; juge
des effets par les causes et tu me réhabiliteras, sans effort,
dans l'opinion que tu dois avoir de mes sentimens pour toi :
qu'as-tu pu supposer pour étayer tes reproches ? au moins ne
m'accuses pas d'ingratitude avant d'avoir mis à l'épreuve mes
dispositions, et pénètre-toi qu'il faudrait pour ne pas te satisfaire que ce que tu exigerais de moi fut bien audessus de toutes
mes facultés : mais cette justification est superflue, tu me rends
assés de justice pour croire que je n'ai point oublié certaines
choses dont le souvenir, que tout me retrace, m'est aussi cher
qu'il sera durable.

Tes remarques sur mon bonheur sont de la plus grande
exactitude, mais tu as négligé d'en établir le principe dont
tout ce qui m'arrive n'est que le résultat, ce moteur m'est bien
connu et il m'est bien prétieux.

Je ne t'entretiendrai dans celle-cy ni d'armistice ni de guerre,

je t'ai parlé de tout cela dans ma dernière. Les bruits de paix
se soutiennent, on dit l'armistice prolongé jusqu'au 26 ; lorsque
tu recevras celle-cy on saura ou on sera sur le point d'apprendre quelque nouvelle importante ; s'il le faut je ferai une campagne d'hyvers, mais j'avoue que je la redoute à cause de mes
rhumatismes.

Si la paix se fait il est possible que j'aille au pays, c'est au
moins mon intention ; dans ce cas je passerais à Paris et j'y
ferais quelque séjour : pourquoi ne profiterais-tu pas de cette
occasion de nous y voir, de là nous fairions le voyage de Tulle
ensemble dans ma voiture : ce projet me rit infiniment et il est
si fort de mon goût qu'il me serait pénible de l'ajourner à quatre ans.

J'ai envoyé à Juliette dans ma dernière des traites pour
3,500 fr. Je lui ai manifesté le désir de faire une acquisition,
mon motif est que l'argent pouvant être diverti de tant de ma-
nières il est prudent de le fixer à une propriété : il y a dans
mon voisinage, à Cessinat, un domaine dont a hérité M. Cha-
teau de Bord : on a long-tems fait courir le bruit qu'il était à
vendre, si cela se réalisait j'y trouverais mon affaire ; sa valeur
est je pense de 15 à 16,000 fr. Mais j'en donnerais quelque
chose de plus vû la convenance, je te prie de prendre sur cela
des informations détournées ; Juliette pourrait payer partie
comptant et partie en bons effets.

Vergne se refuse à me consentir une obligation, ce qui m'a
engagé à prescrire à ma fille d'exiger le remboursement.
Penses-tu que je doive lui laisser mes fonds jusqu'à ce que je
trouve à faire une acquisition et es-tu d'avis que j'en fasse
une ? Dans ce cas je préfère celle dont je viens de te parler à
toute autre.

. . . .

Vachot.

Voici trois autres lettres inédites :

Au quartier général au moulin de Bienvald,
le 7 octobre 1793.

Je m'empresse, citoyen, de réparer une erreur commise par
un faux rapport qui m'a été fait. Je vous ai annoncé hier que

mon brevet était arrivé parce qu'on me l'avait dit ; mais il
s'est trouvé que ce n'est que celui d'adjudant-général.

En conséquence de votre lettre, je vais vous donnner l'état
de mon service et de mes campagnes.

Cinq ans de service dans les dragons cy-devant Noailles,

Quinze mois dans la gendarmerie,

Une partie de la campagne dernière

Et celle-cy.

Je suis né à Tulle, département de la Corrèze en 1763.

Voilà, citoyen, ce que vous avez exigé de moi, à l'extrait de
naissance près, car, ne l'ayant pas, je ne puis vous faire passer que mon âge par note.

Salut et fraternité,

Le général de brigade,
Vachot.

Au citoyen Audouin, adjoint à la 6e division du ministère
de la guerre.

Au quartier général au moulin de Bienvald, le 6 octobre 1793, 2e de la Rép. fr. une et indivisible.

J'ai reçu, citoyen, et votre lettre d'avis en date du 26 septembre que je suis promu au grade de général de brigade et
les lettres de service qui me sont adressées par le ministre. Je
suis en conséquence employé et fairai tous mes efforts
pour mériter l'opinion qu'on a de moi.

Salut et fraternité,

Vachot, g^{al} de brigade.

Au citoyen Jourdeuil, adjoint à la 5e division du ministère
de la guerre.

P. a. s. (Vachot), g^{al} c^t provis^t l'avant-garde de gauche.
Armée du Rhin, Q^r g^{al} à Lachen le 1er germinal 2e année
(21 mars 1794). 3/4 de p. in-4^d. Cachet cire (armée du Rhin).
— Certificat délivré à l'adjudant général Donzelat qui a rem-
pli les fonctions de son emploi dans la division avec le zèle,
l'intelligence et le patriotisme dont est susceptible un vrai
républicain.

[Arch. du colonel Rebora.]

II

FRANÇOIS VACHOT

—

François Vachot, cousin germain de Martial dont nous venons de parler, est né aussi à Tulle.

Soldat dès l'âge de seize ans [1], il a parcouru les grades inférieurs, avant d'être nommé, en 1793, chef de bataillon à l'armée des côtes de Cherbourg.

La même année, au siège de Granville par les Vendéens, Vachot a mis courageusement le feu à un faubourg, pour en chasser l'ennemi. Il s'est aussi battu avec intrépidité à la bataille du Mans où il a été blessé.

Il a mérité ainsi d'être nommé général, dès l'année suivante.

C'est lui qui a commandé en chef contre les Chouans, entre Kléber et Hoche.

Enfin, le treize vendémiaire, il a vaincu, avec Bonaparte, les royalistes révoltés.

Il était en réforme, lorsqu'il est mort à Paris, dans son lit, à vingt-neuf ans.

---

(1) Lisez « enfant de troupe ».

Liberté   Segré Le trois Prairial an 8 de la rep.   Égalité

Sachot commandant en chef les troupes réunies contre
Les Chouans.

a L'adjudant général Savary.

Je fouille mon camarade demain les forêts Juilleins Chanveau
& S. Mars. J'occupe aussi Candé & Chalon enfin je fais
une fouille générale tâche de faire marcher en masse tous
les habitans des Communes de ton arrondissement.

Je viens de recevoir une lettre du général Moulin
par la quelle il m'apprends que les cinq mille hommes
qu'il m'avais demandé resterons encore sous mon commandement
ainsi je ne rassemblerai point de Savenay comme tu me
le marque aucunes troupes sous le commandement du
général Avril, »

Marche avec ce que tu pourras fais une fouille
générale fais marcher je te le Répète tous les habitans
de ton arrondissement, j'ai donné des ordres à cet
la Poincé. Ma marche produira j'et espere un bon effet
& Secondé par toi je ne puis que Réussir, ma marche
Commance dès aujourd'huy & ne finira que dans quatre jours
Salut & amitié.
                                                        Sachot

[Nos Archives.]

François Vachot.

Né 24 décembre 1767 à Tulle.

15 janvier 1785 soldat à Vintimille (49e inf.), grenadier.

2 mai 1790 a acheté son congé.

1er juin 1793 sous-lieutenant au 19e chasseurs à cheval, prend rang du 15 avril.

20 juillet 1793 lieutenant au 13e chasseurs à cheval.

9 août 1793 aide de camp du général Sepher.

1er frimaire 2 (21 novembre 1793) adjudant général chef de bat. à l'armée des côtes de Cherbourg.

2 pluviôse 20 (2 févr. 1794) général de brigade employé à la même armée.

24 floréal 2 (13 mai 1794) chargé de commander les troupes de la République dirigées contre les Chouans.

29 fructidor 2 (15 septembre 1794) employé à l'armée d'Italie.

29 floréal 3 (18 mai 1795) autorisé à se rendre à Paris, n'a pas été compris dans la nouvelle organisation des états-majors des armées arrêtée le 25 prairial 3 (13 juin 1795).

26 vendémiaire 4 (17 octobre 1795) remis en activité à l'armée de l'intérieur.

1er vendémiaire 5 (22 septembre 1796) réformé.

14 vendémiaire 5 (5 octobre 1796) mort de maladie à Paris.

Note de F. Vachot.

Soldat depuis 1780, en 1785 caporal, en 1787 sergent, en 1788 sergent fourrier, a quitté le service en 1790. A fait constamment son service à Paris jusqu'en 1791 où il a été fait sous-lieutenant; en 1792 lieutenant, en 1793 adjudant général, en 1794 général de brigade.

A commandé comme général en chef la guerre contre les Chouans, a soutenu le siège de Granville, l'affaire du Mans, de Pontorson, Laval, Mortain, Saint-Hilaire, Aubray et autres; a été employé dix mois à l'armée d'Italie, a été blessé trois fois, demande à être employé, sa santé lui permet de retourner en face de l'ennemi d'où il n'est parti que pour se rendre à Paris.

Autre note du même.

Sorti grenadier par congé acheté, il s'établit à Paris dans la section du Panthéon-Français. Il devint, en 1791, capitaine dans le bataillon de la garde nationale de Saint-Séverin.

L'ARMÉE DES CÔTES DE CHERBOURG. — LE SIÈGE
DE GRANVILLE.

Grenadier au régiment de Vintimille (49ᵉ d'infanterie), puis caporal et sergent, Vachot a acheté son congé en 1790.

Il a passé par les bureaux de la Guerre et en est sorti lieutenant au 13ᵉ chasseurs à cheval, attaché à l'armée des côtes de Cherbourg.

Vachot était, de par les Représentants, adjudant général provisoire, lors du siège de Granville. L'avant-veille de l'investissement de la place, il fut lancé vers l'ennemi, en avant-garde, sur la route d'Avranches, avec 500 volontaires. Lorsque 2,000 hommes vinrent à son secours, le général Peyre le trouva déjà aux prises avec les Vendéens, très supérieurs en nombre, et il dut employer toute son autorité pour lui faire lâcher pied.

Pendant le siège, les ennemis s'étaient emparé d'un faubourg dominant les remparts, d'où ils mitraillaient les canonniers à bout portant. Vachot s'élança, à la tête de soldats armés de torches, pour mettre le feu à ce faubourg, au milieu d'une grêle de balles. Les Vendéens durent prendre la fuite en déroute (26 brumaire an II, 17 octobre 1793). L'action d'éclat de notre compatriote est représentée dans une grande peinture de Hue, offerte par la Convention à la ville de Granville [1].

Le tribunal militaire et révolutionnaire établi à Granville, après le siège, fut présidé par Vachot.

---

[1] M. Jules Launay donne, d'après le tableau de Hue, un dessin médiocre de l'incendie, en tête de son poème (1893) sur le siège de Granville.

(Voir les histoires du siège par L. Quénault et par E. Sarot.)

Le 22 frimaire (12 décembre 1793), avec les grenadiers du 6ᵉ régiment (ci-devant Armagnac), Vachot poursuivit l'ennemi jusqu'au Mans où il pénétra sous le feu le plus terrible. Il fut blessé à la cuisse et il mérita les éloges du général en chef de l'armée des côtes, Pierre Vialle (de Tulle).

Le 20 pluviôse an II (2 février 1794), Vachot fut promu général de brigade et désigné pour prendre part à l'attaque projetée des Iles anglo-normandes.

Lettre du citoyen Vachot datée de Caen, le 4 août 1793, au citoyen Audoin, adjoint au ministre de la Guerre.

Il prie qu'on lui expédie la commission d'aide de camp du général Sepher, à Caen.

Cherbourg, le 10 octobre 1793.

Vachot, lieutᵗ au 13ᵉ régimᵗ de chasseurs à cheval, aide de camp du général Sepher, au citoyen Bouchotte, ministre de la Guerre.

Citoyen Ministre,

Depuis dix ans, soldat ami de la liberté et de l'égalité, ma conduite et mes connaissances militaires m'ont mérité l'estime de mes généraux et des représentants du peuple. Le citoyen Lindet vous écrivit pour vous prier d'accélérer mon avancement. Les représentants Garnier de Saintes et Le Carpentier m'ont nommé au grade d'adjudant général chef de bataillon. Etant employé dans vos bureaux, vous voulûtes bien me nommer sous-lieutᵗ au 19ᵉ régᵗ de chasseurs à cheval, ensuite lieutᵗ au 13ᵉ et aide de camp du général Sepher ; si vous me jugez digne, citoyen, de m'élever au grade d'adjudant général chef de bataillon, je vous prie d'approuver l'arrêté des représentants du peuple et croyez que je serai toujours l'ennemi des modérés et des fédéralistes.

Salut et fraternité.

F. Vachot.

Note de F. Vachot (10 octobre 1793) [1].

« Le patriotisme triomphe toujours à Cherbourg. Messieurs les Anglais n'auront malheureusement pas le courage d'en approcher. Soyez convaincu qu'il leur est impossible d'en approcher sans être taillés en pièces. »

8 novembre 1793 :

Nous, représentants du Peuple près de l'armée des côtes de Cherbourg.

. . . .

Arrêtons qu'il lui sera provisoirement donné (au général Peyre) un second adjudant général et attendu les bons témoignages qui nous ont été rendus sur les principes, le républicanisme et les mœurs du citoyen Vachot, le nommons provisoirement au grade d'adjudant général chef de bataillon pour l'armée des côtes de Cherbourg.

. . . .

Comme les bombes et les boulets rouges ne répandent pas l'incendie assez vite, l'adjudant général Vachot s'élance hors des murs et porte lui-même la flamme dans les maisons : le feu se propage et contraint les Vendéens à quitter un lieu qu'ils avaient obstinément gardé, malgré l'artillerie des remparts.

(*Dictionnaire historique des Batailles*, t. II, p. 276).

Les chefs royalistes commencèrent par sommer la ville de se rendre.

. . . .

Etonnés de tant de résistance, les royalistes cherchèrent un abri contre le feu des assiégés dans les maisons des faubourgs. L'adjudant général Vachot s'élance hors des murs, à la tête des soldats intrépides portant des torches à la main ; en un moment la flamme s'élève de toute part, et les Vendéens, étouffés par la fumée, environnés de feu, sont obligés d'abandonner un poste d'où le canon n'avait pu les chasser.

(*Victoires et Conquêtes des Français*, t. II, pp. 125-126).

---

(1) Vachot écrit à Audouin, adjoint au ministre de la Guerre : « Mon cher Concitoyen ». Est-ce dans le sens de compatriote?

Une troupe de 800 volontaires armés, sous les ordres de l'adj[t] g[al] Vachot, avait été détachée de la garnison de Granville. Elle y fut rappelée, le 12, vers midi. La masse vendéenne était aux portes d'Avranches, quand Vachot se retira, emmenant les autorités républicaines, leurs archives, les caisses, les grains, farines et munitions.

La ville fut occupée sans combat par l'armée royaliste.

(Ch. L. Chassin, *Vendée révolutionnaire*, pp. 281-2).

Le directeur des fortifications proposa comme unique ressource de *faire une sortie avec les meilleures troupes de la garnison*. L'adj[t] gén[al] Vachot, auquel il avait communiqué ce projet, n'écoutant que son intrépidité et l'impatience d'en venir aux mains avec les Brigands, avait déjà choisi son monde pour l'expédition et il s'empressait d'appuyer la proposition. Mais, craignant au contraire les suites que pourrait entraîner une pareille entreprise contre un ennemi, que le fanatisme aveuglait sur le danger ; un ennemi, trop supérieur en forces et en moyens..... nous arrêtâmes, unanimement, que les hommes de bonne volonté que Vachot disait avoir tout prêts, se porteraient sur le champ dans le faubourg pour *l'incendier avec des matières combustibles.*

L'intrépide Vachot part comme un trait pour diriger cet embrasement, Charles Leduc que je nommerai plutôt mon brave ami que mon domestique, s'empressa de le suivre et bientôt vingt-cinq chasseurs, auxquels se joignirent plusieurs habitants, dont quelques-uns avaient des propriétés dans le faubourg, mirent le feu à ce dangereux repaire de féroces partisans du fanatisme et du royalisme. Cette expédition fut d'autant plus glorieuse pour tous ceux qui y prirent part, qu'ils le firent avec le plus grand succès, quoique au milieu d'une grêle de balles et malgré tous les efforts de la rage des Brigands.

On craignit ensuite une trahison... Nous allâmes à la Maison commune, où Vachot passait la nuit, pour être plus à la portée des troupes, on l'instruisit de notre anxiété... Il nous assura de tout son zèle à déjouer les menées et de son entier dévouement à la gloire de la République.

(Rapport du général Peyre).

Du quartier général de Craon, le 27 frimaire (17 décembre 1793), l'an II de la République française une et indivisible.

Liberté, égalité, fraternité.

Nous, général de division des armées réunies, certifions à tous qu'il appartiendra que le c^{en} Vachot, adjudant général chef de bataillon, commandant l'avant-garde de la division à mes ordres, s'est comporté en brave et intrépide républicain à l'affaire du 22 frimaire sous les murs du Mans; qu'ayant attaqué l'ennemi à la tête des braves grenadiers du 6° régiment, cy-devant Armagnac, il fut démonté, qu'il se mit à pied à la tête de l'avant-garde et poursuivit l'ennemi jusqu'aux retranchements de la ville du Mans qui furent emportés à coups de bayonnettes. Il entra jusques dans la ville où il essuya le feu le plus terrible de la part des rebelles : C'est là qu'il reçut une balle à travers la cuisse. Cette blessure glorieuse me fait regretter ce brave républicain et je lui demande au nom de la patrie et de l'amitié que je lui voue de venir se réunir à moi aussitôt que possible.

Signés à l'original, VIALLE (de Tulle), général de brigade, et TILLY, général de division.

Armées des côtes de Cherbourg.

Du quartier général à Caen, le 17° de la 2° decade de nivôse l'an 2° de la République française une et indivisible.

Le général de division Vialle à l'adjudant-général Vachot.

Citoyen,

Vidal m'apprend à l'instant que tu es à Alençon. Je me hâte de t'écrire non pas pour te complimenter sur la manière vraiment héroïque dont tu t'es comporté à la journée du Mans, un républicain ne loue pas, pour la raison qu'un républicain ne reçoit pas d'éloge. Aussitôt l'affaire de Savenay, je reçus l'ordre de prendre le commandement en chef de l'armée des côtes de Cherbourg et je me rendis de suite à Caen pour y établir mon quartier général.

J'ai toujours aimé à m'entourer de la bravoure et du courage des sans-culottes et j'espère que tu ne te refuseras pas au désir que j'ai de te voir servir près de moi aussitôt ta blessure guérie.

Ta conduite a été trop publique pour avoir besoin de certificats particuliers...

Salut et amitié,

VIALLE, général divisionnaire.

20 pluviôse l'an 2ᵉ (8 février 1794).

Expédier un brevet de général de brigade à Vachot, adjudant-général à l'armée des côtes de Cherbourg.

LEGRAND.

Alençon, 13 floréal II, 2 mai 1794.

Pétition du citoyen Lepine, marchand sellier à Alençon, avec deux lettres, l'une du citoyen Jourdeuil et l'autre du général Vachot tendante à ce qu'il lui soit fait remise d'un cabriolet qu'il a fourni le 22 (?) au citoyen Vachot général ou que le payement lui en soit fait à titre d'expert.

. . . .

Sur le même fait, lettre de Port-Malo, 13 ventôse (1ᵉʳ février 1794), du général F. Vachot : « Après être remis de ma blessure au Mans, je passai à Alençon et le représentant Garnier de Saintes me fit prêter une voiture. »

Le 31 janvier 1994 (12 pluviôse II), le Comité de salut public déclare « qu'il sera fait, du 1ᵉʳ au 10 ventôse (du 19 au 28 février), une descente sur les îles de Jersey, Guernesey et Aurigny, par les troupes de la République, à l'effet de s'en emparer et de s'y établir en force. »

Les représentants forment, le 25, l'état-major des deux colonnes de débarquement : pour la 1ʳᵉ le général de division Huet avec les généraux de brigade Lebley et Vachot... (On eut besoin de troupes ailleurs.)

Le ministre de la Guerre propose au Comité de salut public les officiers généraux ci-après pour l'expédition maritime projetée.

Savoir :

Delaborde, général de division, qui avait été nommé pour commander en Corse ;

Huet, général de division, pour commander en second sous le premier ;

Vachot, général de brigade pour commander en second sous le gén^{al} de div. Vezu, déjà nommé.

Paris, 16 pluviôse, an II de la République une et indivisible (4 février 1794).

Le Ministre de la Guerre,
Signé : J. Bouchotte.

Vu par le Comité de Salut public, le 17 pluviôse an II de la Rép. une et indiv. (5 février 1794).

Signé : Carnot, etc.

Rennes, le 25 pluviôse an II (13 février 1794).

Vachot, général de brigade, au citoyen Bouchotte,
ministre de la Guerre.

Citoyen,

Je me suis acquitté de la mission dont tu m'as chargé pour le général Thureau et pour le général Rossignol. Je suis charmé que tu m'aye choisi pour une expédition aussi importante que celle de la descente en Engleterre. Crois que je me battrai dans le pays en vrai sans-culotte.

....

François Vachot.

Rennes, le 25 pluviôse an II (13 février 1794).

Vachot, général de brigade, au citoyen Xavier Audouin,
adjoint au ministre.

....

Je vois avec plaisir que l'on m'a destiné pour descendre en Engleterre, j'y lyrai de tes écrits, je m'y battrai en vrai sans-culotte et y propagerai par le fer et le feu l'esprit de la liberté et de l'égalité.

....

F. Vachot.

....

Il nous faut des adjudants, je te prie de m'envoyer le fils de Duval et Vachot mon cousin qui[1] viendront te voir.

---

(1) Seule citation que nous ayons rencontrée d'un des Vachot par l'autre.

LA GUERRE CONTRE LES CHOUANS.

François Vachot fut nommé, par le Comité de Salut public, général en chef des troupes dirigées contre les Chouans, en remplacement de Kléber, le 23 floréal an II (13 mai 1794).

Chargé, comme dit l'arrêté, de la *destruction* des Brigands, il montra son courage et son énergie habituels mais sans beaucoup de succès. Il promena son armée à la recherche de la prétendue armée royale catholique, alors qu'il fallait faire seulement une guerre acharnée de partisans, par petits détachements.

Du moins, Vachot, souvent victorieux, ne commit pas, quoiqu'on en ait dit, les atrocités habituelles des deux côtés. A Craon, il gracia des femmes et des enfants, pris les armes à la main. Il accorda à des Chouans une amnistie partielle, en son nom personnel.

Le 29 fructidor an II (15 septembre 1794), notre compatriote fut disgracié et remplacé par le général Hoche, le futur pacificateur de la Vendée.

Vachot fut envoyé à l'armée d'Italie. Il y passa dix mois, puis ses trois blessures l'obligèrent à venir à Paris, en congé de santé, le 29 floréal an III (18 mai 1795). Le mois suivant, on le laissa de côté, lors de la réorganisation des états-majors, à cause de ses opinions avancées.

24 floréal II, 13 mai 1794.

Le Comité de Salut public arrête que Vachot est chargé de commander en chef exclusivement les troupes de la République dirigées contre les Chouans. Le général Moulins employera ailleurs les généraux chargés jusqu'à ce jour concurremment de cette opération.

6

Ni Kléber, ni Vachot qui lui avait succédé dans la mission spéciale « d'exterminer les Chouans » n'avaient rencontré nulle part « l'armée catholique et royale de Bretagne »; ils avaient jusqu'aux fond des bois poursuivi cent et cent bandes, n'acceptant jamais un combat, et se reformant sans cesse après avoir été dispersées.

« La chouannerie, dit Savary (t. IV, p. 105), n'eut jamais d'armée obéissant à un chef, comme la Vendée. Il n'existait point encore de relations suivies avec l'étranger. Les proclamations de Puisaye n'étaient destinées qu'à faire croire au cabinet anglais qu'il existait des armées considérables dans la chouannerie. »

(Ch.-L. Chassin. *Les pacifications de l'Ouest*, t. I, p. 10.)

Suivent quelques pièces extraites des t. III et IV de l'ouvrage intitulé : *Guerre des Vendéens et des Chouans contre la République française,* par un ancien officier supérieur de la République. — Paris, 6 vol., in-8° [1].

Du 5 mai 1794 :

Le général Vachot, au Comité de Salut public.

« J'ai reçu, à Alençon, le 3 de courant, votre arrêté du 27 avril, qui me charge de diriger les troupes de la République contre les Chouans pour les exterminer. Je me suis de suite rendu à Vitré. Je brûle de fondre sur ces scélérats; j'en prends l'engagement en vrai sans-culotte. J'emploierai contre eux le fer et le feu. Je ne perdrais jamais de vue le mot *exterminer* que porte votre arrêté. »

Du 7 mai 1794 :

Le général Moulin, au Comité de Salut public.

. . . .

« Cinquante hommes ont été tués, on a fait quinze prisonniers

---

(1) Par Savary (Jean-Julien-Marie), ancien adjudant-général, chef de brigade.

dont trois chefs. Le général Vachot est à la poursuite de cette horde en déroute. Ils (les Chouans) sont partout tellement répandus, que partout on demande des troupes. »

Du 9 mars 1794 :

Le général Moulins, au Comité de Salut public.

« L'art. 4 de votre arrêté du 27 avril porte : « Vachot, » général de brigade, est chargé de commander les troupes » de la République dirigées contre les Chouans et de les ». exterminer. »

» Je vous prie de vouloir bien décider si vous avez entendu qu'il commanderait toutes les troupes, ou seulement qu'il remplacerait le général Kléber que vous avez fait passer à l'armée du Nord.

. . . .

» J'ai remis au général Vachot, en arrivant à l'armée le commandement de la division de Kléber. Le général Chaboi commande à Laval et dans les environs. »

Du 9 mai 1794 :

Le général Vachot, commandant les troupes dirigées contre les Chouans, au Comité de Salut public (Rennes).

« Les Chouans qui avaient formé un attroupement sont, je vous le jure, détruits. Il est un point essentiel, c'est Vitré et Laval, où se trouve la souche des Chouans. Il faut des mesures très révolutionnaires pour empêcher de se former un nouveau noyau de ces assassins. Je demande des instructions et je réponds du succès.

» Lorsque le Comité m'a donné le commandement, on n'avait pas prévu qu'il se trouvait des généraux divisionnaires dans cet arrondissement. Je demande à commander sous un de ces généraux, ou qu'ils soient changés de division. »

Du 3 juin 1794 :

Le général Vachot, au Comité de Salut public (Segré).

« J'apprends avec plaisir que le Comité a bien voulu approuver les mesures que j'avais proposées, et qu'on laisse sous mon

commandement seul les troupes qu'on m'a confiées, en corres-
pondant avec le général Moulins.

» J'ai exterminé et presque entièrement détruit les Chouans
qui ravageaient les districts de Broons, Saint-Meen, Montfort,
Châteaubourg, La Gravelle, Vitré, La Guerche, etc. Je m'occupe actuellement des districts de Laval, Craon, Segré, Châteaubriand, et vais marcher sur Domfront ; jusqu'à présent
mes opérations ont réussi.

» Les troubles qui agitent ces contrées ne sont nullement à
craindre, et j'espère qu'en pérorant le peuple (*sic*), faisant marcher les habitants des campagnes, j'établirai l'ordre et ferai
chérir la République. »

Du 7 juin 1794 :

L'adjudant général Savary, au général Vimeux (Châteaubriand).

« Le général Vachot est venu à Segré où il a ordonné un grand
mouvement contre les Chouans. Toutes les communes et la
force armée ont été sur pied pendant quatre jours. Le succès
n'a pas répondu à l'attente. On n'a découvert que quelques
jeunes gens de réquisition qui se tenaient cachés. On me mande
de Candé que les Chouans sont en grand nombre dans la Cornouaille, et que le général Vachot doit s'y porter incessamment
avec trois ou quatre mille hommes. »

Du 28 juin 1794 :

Cholet, agent national, au Comité de Salut public (Segré).

« L'arrivée du général Vachot a forcé les brigands des districts de Segré, d'Angers et d'Ancenis, à se réunir à Saint-
Marc, où ils ont d'abord été attaqués sans beaucoup de succès ;
mais peu de jours après ils ont été mis en déroute complète,
entre Saint-Marc et la Cornouaille, par les grenadiers réu-
nis..... »

Du 30 juin 1794 :

Le général Vachot, au général Moulins (Laval).

« Le général Humbert est parti, il y a deux jours, pour Fou-
gères, avec un détachement de quatre cents hommes pour ex-

terminer un détachement de brigands. Les Chouans ont commis d'horribles assassinats du côté de Châteaubriand et de Châteaugontier ; je ne saurais disposer de cent hommes, et je me vois forcé de dégarnir les anciens cantonnements de la chouannerie. »

Du 3 juillet 1794 :

Le général Moulins, au Comité de Salut public.

Le représentant Laignelot a comme moi des inquiétudes sur les entreprises des Chouans ; il voit avec peine qu'on enlève des troupes à Vachot lorsque de tous côtés on réclame des secours . . . . .

Du 9 juillet 1794 :

Le Comité de Salut public (Paris), *au général Moulins.*

Le Comité juge d'après les observations et les circonstances où se trouve Vachot, que l'expédition doit être reprise, et que la première chose à faire est de hâter la *destruction* des brigands. . . . .

15 juillet 1794 ·

L'adjudant général Savary, au général Vachot (Châteaubriand).

Je t'annonce, général, que j'ai reçu l'ordre de rentrer à l'armée de l'Ouest. Je compte partir le 17 ou le 18 pour me rendre à Niort où se tient le quartier général. Le général Moulins est instruit de ma destination.

20 août 1794 :

Chartier, agent national, au Comité de Salut public.

Les opérations du général Kléber nous avaient débarrassés des Chouans qui n'osaient plus se montrer. Le général Vachot a changé ses dispositions et la chouanerie reprend une nouvelle activité. La troupe se plaint et n'a pas de confiance. Les officiers municipaux abandonnent leur poste. Un représentant du peuple est nécessaire ici pour ranimer la confiance.

<table>
<tr><td>Armée
des côtes
de Brest</td><td>LIBERTÉ,
UNITÉ.</td><td>MORT
AUX
CHOUANS</td><td>ÉGALITÉ,
FRATERNITÉ.</td></tr>
</table>

Au quartier général de Laval, le 21ᵉ thermidor l'an second de la République française, une et indivisible (8 août 1794.)

Vachot, général, commandant en chef des troupes de la République dirigées contre les Chouans, aux administrateurs du district de Château Briand.

Citoyens,

Votre lettre du 8 de ce mois, adressée à Condé, vient de m'être remise et j'y ai lu avec douleur les justes regrets que vous donnez aux bons patriotes devenus victimes de la férocité des Brigands; certes, s'il n'eut tenu qu'à moi, ceux-ci n'existeraient plus, et nous n'aurions pas à verser des pleurs sur le sort des autres.

Vous aurez surement eu connaissance d'une lettre que j'ai écrite à la Société populaire de votre commune; vous y aurez vu, citoyens, l'impossibilité où je me trouve de vous envoyer des forces; en effet, mon commandement était celui du Pays dit de la Chouannerie, là je trouvais un nombre de troupes, avec lequel je devais détruire ou rendre à la République les insurgés de ces contrées. Bientôt des avis certains de rassemblements et de vastes projets, me déterminèrent avec l'approbation du Repᵗ Laignelot, de me porter dans les districts d'Ancenis, d'Angers et de Segré; Vous savez les ennemis que j'y ai trouvés; et à la suite des combats que j'ai eus avec eux, il a fallu les poursuivre dans les districts de Château-Gontier, Châteauneuf, etc.

Assurément les troupes que je commande sont plusieurs fois entré sur le territoire de votre district, j'y ai même des cantonnements établis, et n'en doutez pas, citoyens, j'aurai voulu pouvoir vous porter des secours, je l'eus fait avec empressement, mais mes moyens n'ont pû me le permettre, et c'est avec regret que je me vois forcé de vous répondre ainsi.

Voyez à obtenir l'objet de vos justes demandes, du général Moulins, je crains bien qu'il n'ait pas non plus dans ce moment des troupes disponibles. L'adjudant général Marès pourra peut-être vous donner des idées plus certaines à cet égard.

Je désire, citoyens, trouver des occasions de vous donner des preuves de mon dévouement à la chose publique, et de l'envie que j'ai d'exterminer les Brigands.

Salut et fraternité.

Frs. Vachot.

[Arch. de M. Et. Charavay].

Vachot (F.). — L. a. s. à Savary : Craon, 19 prairial an II (12 juin 1794), 2 p. 1 2 in-4° :

Il lui ordonne de ne plus dégarnir de troupes la région de Châteaubriand. Il lui annonce qu'il fait fouiller les districts de Craon, Segré, Candé, Angers et Château-Gontier. Il annonce sa prochaine arrivée à Châteaubriand.....

29 fructidor an II (15 septembre 1794) :

COMMISSION DE L'ORGANISATION ET DU MOUVEMENT DES ARMÉES DE TERRE

Le Comité de Salut public arrête : que Vachot, chargé de la destruction des Chouans, est suspendu de ses fonctions et que Hoche, ancien général en chef de la Moselle, est chargé de cette expédition.

22 fructidor an II (13 septembre 1794) :

Vachot sera employé à l'armée d'Italie.

Au nom du Peuple français,

Les Représentants du Peuple envoyés par la Convention nationale près les armées d'Italie,

Vu la pétition du général Vachot tendante à obtenir, en raison de ses blessures et du certificat des officiers de santé qui attestent le besoin d'être soigné, un congé de convalescence pour se rendre à Paris,

Permettent au général de brigade Vachot de se rendre à Paris à la charge par lui de se présenter, aussitôt son arrivée, au Comité de Salut public et à la Commission du mouvement des armées pour les en informer.

Gazette nationale ou *Moniteur universel.*

Quintidi, 5 fructidor, l'an III (samedi 22 août 1795, vieux style).

MÉLANGES. — AU RÉDACTEUR.

. . . .

Un nommé Vachot, protégé de Bouchotte et de Xavier Audoin, son parent, est le pendant du coupeur d'oreilles [1]; il est, je crois, destitué et demeure rue Thomas du Louvre, maison de France : il était jadis général en chef des troupes dirigées contre les Chouans ; c'est pour cela qu'à force d'injustices et de crimes, il en fit naître partout, afin d'agrandir son commandement ; il pouvait poursuivre un Chouan jusqu'à Constantinople et ne connaissait, disait-il en mauvais gascon [2], que Dieu et le Comité de Salut public (de Robespierre). Qu'on interroge à son sujet les députés de la Mayenne.

. . . .

(Signé) *Le général de brigade commandant à Rouen,*
Aug. DANICAN [3].

Le même journal insérait, le 4 septembre, cette réponse :

Paris, 18 fructidor.

Citoyen, Auguste Danican, général de brigade, a désigné quelques-uns de ses collègues comme coupables d'inhumanité. Il m'a honoré de sa calomnie, et je viens exprès de Joigny lui en exprimer ma reconnaissance.

Le jour où l'homme pur, franc et patriote, est attaqué, est un jour de triomphe pour lui, Danican celui de mon innocence va se réunir aux lauriers que mon commandement en chef contre les Chouans a procuré à mes frères d'armes.

Danican accuse Boulan d'être coupeur d'oreilles, et il me

------

(1) Bouland qui aurait, dit-on, donné aux soldats 20 liv. par paire d'oreilles humaines qu'il s'amusait à clouer dans sa chambre (?).

(2) *En mauvais gascon,* vous entendez, félibres limousins !

(3) Danican (Louis-Michel-Auguste Thévenet, dit), né à Paris en 1764, mort à l'étranger en 1848; général de brigade à l'armée de l'Ouest, démissionna après des excès de zèle républicain, devint le chef royaliste du 13 vendémiaire et fut condamné à mort par contumace.

dénonce comme son pendant. Pour ce dernier fait, il a menti à sa propre conscience.

Voici les faits :

J'ai été général en chef des troupes dirigées contre les Chouans ; je dois être coupable aux yeux des royalistes et de Danican ; j'avoue que je les ai battus plusieurs fois : leurs chefs et lui m'ont accusé et reconnu, dans leurs écrits respectifs, pour être un des plus acharnés défenseurs de la République. Mais je les défie de me prouver que je me sois jamais écarté des principes d'humanité qui doivent caractériser un soldat, surtout victorieux. Danican doit, au contraire, se rappeler l'accueil généreux et fraternel que je fis, au quartier de Craon, à onze femmes et sept enfants faits prisonniers aux affaires de Bonnauvre, Saint-Marc et le bois de Rougé, où les républicains se couvrirent de gloire, tandis que lui prenait du courage auprès des femmes amies des Chouans. Je dois à son intrigue et à sa diffamation plusieurs dénonciations dans les Sociétés populaires, pour cet acte d'humanité.

Qu'il se rappelle ce que j'ai fait pour cicatriser cette plaie profonde où l'air d'y porter remède était un crime. A-t-il oublié ma publication d'amnistie dans ces contrées malheureuses ? En a-t-il oublié le bon effet ? Peut-être trouve-t-il des motifs de réprobation dans les affaires glorieuses du Mans, et dans la défense de Granville ? Veut-il m'assiéger dans mes vingt ans de services, et verser l'opprobre sur quatre blessures que j'ai reçues en combattant le fanatisme et la royauté ? Me comprendrait-il au nombre des militaires qui réclament sur leur radiation du généralat, et qu'il qualifie de *curés*, de *moines*, d'*escamoteurs*, de *charlatans*, de *sauteurs*, etc., etc.

Je suis soldat depuis l'âge de seize ans, et Danican doit savoir que comme tel je ne sais que me battre.

F. VACHOT, *général de brigade*,
rue de la Loi, hôtel de Valois.

LE TREIZE VENDÉMIAIRE [1].

Lorsque la Convention, surprise, se vit menacée par les sections royalistes de la garde nationale de Paris, elle fit appel pour la défendre aux généraux sans emploi, parmi lesquels Bonaparte, Brune et Vachot. La réaction avait fait rayer ce dernier des cadres.

Le 13 vendémiaire (4 octobre 1795), avant la bataille, le général Berruyer, assisté de Vachot, commandait dans la rue de la Convention (une rue étroite aujourd'hui détruite) un poste défendu par deux pièces de canon, l'une de quatre, l'autre de huit. On avait l'ordre d'attendre les premières balles des sectionnaires retranchés à Saint-Roch. Alors, la pièce de huit s'engagea dans le défilé en faisant décharge de vingt en vingt pas. Le représentant Cavagnac, Vachot et Rouget de Lisle suivirent, en tête de la colonne d'attaque. Tous les canonniers furent tués ou blessés et la pièce abandonnée. Le général Berruyer eut son cheval tué sous lui. On parvint à reprendre le canon puis on dut se replier.

Le lendemain, à quatre heures du matin, le général Vachot put enfin s'emparer de Saint-Roch. Nous le retrouvons, vers dix heures, près de la place des Victoires, avec une division de tirailleurs.

Après la victoire, le général fut remis en activité et attaché à l'armée de l'intérieur. Il n'y resta qu'un an au bout duquel ses blessures rouvertes le firent réformer.

---

(1) Consulter *Le treize Vendémiaire*, par Zivy. Paris, 1898, in-8°. aux pp. 67, 70, 71, 72, 81, 92, 96 et 97.

*Vachot, général de brigade, aux représentants composant
le Comité de Salut public*

Depuis l'âge de seize ans, je suis soldat, j'ai passé par tous
les grades, je me suis rendu à Paris, ne pouvant rester à l'armée d'Italie après les blessures que j'ai reçu en défendant la
liberté. Je ne sais pourquoi je n'ai pas été porté sur la liste des
officiers employés.

Veuillez me renvoyer à mon poste.

. . . .

F. VACHOT.

Après le 9 thermidor, j'ai été arrêté et poursuivi comme
nombre de patriotes.

Le 1ᵉʳ prairial, j'ai été encore arrêté, après avoir été blessé
en défendant la Convention.

Le Comité de sûreté générale m'a rendu justice.

. . . .

Extrait du *Moniteur* du 16 vendémiaire an IV (8 octobre 1795):

CONVENTION NATIONALE

. . . .

Cavaignac, l'un des représentants qui marchaient avec les
Républicains, entre dans l'Assemblée et monte à la tribune :

. . . .

Le général Berruyer a eu un cheval tué sous lui, quatre autres officiers généraux, parmi lesquels j'ai reconnu Vachot
et l'adjudant général Mutelé, se sont conduits avec beaucoup de valeur...

La pièce de huit s'engage dans cette rue étroite et de vingt
pas en vingt pas fait une décharge à mitraille qui cause plus
d'effroi que de ravage. Le représentant Cavaignac, le général
Vachot, Rouget de Lisle, l'auteur de la *Marseillaise*..., une
foule de braves gens marchaient en tête de la colonne.

On approchait de la rue Saint-Honoré...

(*Mémoire* de Réal).

Le 14 vendémiaire, à 4 heures du matin, le général Vachot s'établit dans Saint-Roch, après en avoir chassé l'ennemi.

(Rapport de Barras, qui commandait en chef avec Bonaparte comme second).

Pendant la nuit, les sectionnaires avaient réussi à reprendre le poste de l'église Saint-Roch. Vachot, envoyé contre eux, ne put les en déloger qu'à la pointe du jour.

(*Victoires et Conquêtes des Français*, t. IV, p. 249).

Vachot, général de brigade, aux citoyens membres du Directoire exécutif.

Le 21 j'ai été mis en état d'arrestation par ordre du général en chef.

Comme soldat j'ai obéi.

Voilà la vérité.

Je n'ai jamais eu connaissance de ce mouvement. Je descendais de l'état-major, j'étais avec les représentants Cavagnac et Bailleul, le député Laignelot avec lequel j'ai fait la guerre, me salua, je fis de même. Des ennemis particuliers ont prétendu que j'avais blanchi et que je lui avais parlé. *Cela est faux,* je suis républicain, l'ami le plus chaud du gouvernement, non-seulement comme directeurs, mais je me flatte, comme citoyens.

Vous avez ordonné, citoyens directeurs, que je sois employé à l'armée de l'intérieur, mais hors Paris, *mon honneur* se trouve blessé. Les royalistes jouiraient trop.

Je vous demande, citoyens directeurs, d'ordonner que je continue mon service à Paris et vous pouvez croire que je suis toujours prêt à sacrifier ma vie pour vous défendre contre toute espèce de faction.

J'attends de vous cette justice. F. Vachot.

Mon honneur seul me fait agir, mais il me serait physiquement impossible de partir. Les médecins de l'armée l'attesteraient s'il le faut.

LA VIE PRIVÉE.

François Vachot est né à Tulle le 4 décembre 1767. Il s'est marié avec Marie Percheron, de Joigny (Yonne), dont il n'a pas eu d'enfants. Il était en réforme lorsqu'il mourut à Paris, le 6 octobre 1796, d'une maladie, suite de ses blessures.

Son frère Pierre-Joseph-Martin, imprimeur, rue Saint-Honoré, 118, a signé l'acte de décès.

Henri Vachot, un neveu du général, a habité le Raincy et Montmartre. Cette branche parisienne de la famille Vachot ne paraît pas avoir conservé de relations avec celle de la Corrèze.

Nous ne savons presque rien sur la vie privée de François Vachot.

Un congé militaire nous apprend qu'il avait cinq pieds, six pouces, deux lignes.

Alors qu'il était chef de brigade, il fut dénoncé comme ivrogne, mais il répliqua qu'il était sans le sol et qu'il voudrait bien toucher sa solde.

Les opinions jacobines de Vachot le firent arrêter après Thermidor et le 1er prairial. La police de Cochon-Lapparent le dénonça, le 10 mai 1796, comme babouviste, avec son ami Robert Lindet[1].

Un détail amusant pour terminer. Vachot est intervenu en faveur de son domestique arrêté injustement, mais, malgré l'intervention du ministre de la Guerre lui-même, il a refusé de se laisser voler par une cuisinière. (Voir aux pièces.)

Le vingt-quatre décembre mil sept cent soixante-sept est né et a été baptisé le lendemain, François, fils légitime de

---

[1] M. A. Montier, qui publiera prochainement une étude sur R. Lindet, n'a rien pu nous apprendre de nouveau sur F. Vachot.

M. Martial Vachot, procureur au présidial de cette ville, et de d^{olle} Thérèse Savy. Le parrain a été s^r François Brunie, bourgeois du lieu de Glabe, parroisse de Cornil, la marraine d^{olle} Anne Orliaguet, fille, qui ont signé ainsi que nous.

> Signé au registre : Brunie, Orliaguet et Vergne, vic.

EXTRAIT DU REGISTRE DE DÉCÈS DE L'AN V DE LA RÉPUBLIQUE
2° MAIRIE

Du quinze vendémiaire l'an cinq de la République une et indivisible (6 octobre 1796). Acte de décès de François Vachot décédé hier entré trois et quatre heures de relevé, général de brigade réformé, âgé de près de vingt-neuf ans, natif de Tulle (Corrèze), domicilié ordinairement rue de l'Université, n° 105, et décédé Jardin Egalité, n° 130, galerie de pierre, veuf de Marie Percheron et fils de défunt Martial Vachot, homme de loi, et de Thérèse Savy son épouse, ses père et mère ; sur la réquisition à nous faite dans les vingt-quatre heures par Pierre-Joseph-Martin Vachot, âgé d'environ vingt-cinq ans, imprimeur, demeurant rue Saint-Honoré, n° 118, frère du défunt.....

Vachot, adjudant général chef de brigade, à Audoin.

. . . .

Vachot avait été dénoncé comme ivrogne, il s'en défend. Il est sans le sol et voudrait bien toucher sa paye.

DÉTENU BOREL.
—
Note à remettre au citoyen Bouret.

J'ai eut pour domestique, le citoyen Borel dit Frédérique, je n'ait rien à luy reprocher, je ne connait point les motifs de son arrestation, et d'après les rapports qui m'ont été faits sur son civisme, je crois qu'il est de tout droit qu'il soit mis en liberté et je prie le représentant de lui rendre justice.

> *Le Général de brigade,*
> F. Vachot.

[Arch. de M. Et. Charavay.]

<table>
<tr><td>

ARMÉE
DE L'INTÉRIEUR
—
Division
de
—
Brigade
de
—

</td><td>

LIBERTÉ, ÉGALITÉ

Guerre   Paix
aux Royalistes   aux Chaumières

—

Au quartier général, à Paris, le 23 du
mois de floréal an IV de la Républi-
que française, une et indivisible
(12 mai 1796).

</td></tr>
</table>

François Vachot, général de brigade, commandant employé
à Paris, au ministre de la Guerre

Par votre lettre du 17 du courant que je reçois aujourd'hui vous m'ordonniez de payer au cit. Blanchard la somme de 643ll d'une part et 320ll pour les services que m'a rendu sa cuisinierre. Si je devais cette somme, je me serais fait un devoir de la payer, jamais personne *n'a attendu après moi*, mais citoyen Ministre je ne la doit pas, vous êtes trop juste pour m'en ordonner le payement.

Cette prétendue cuisinière, non seulement m'a trompé plusieurs fois, mais elle m'a perdu plusieurs effets en linge appartenants à la République.

Malgré cela je lui ait payé ce dont nous étions convenu, pour ses prétendus services, et je défie le citoyen Blanchard de me prouver que je luy doive cette somme, ce qui prouve qu'il est de mauvaise foi, c'est que par le mémoire qu'il m'a envoyé il y a trois mois il ne me demande que 543ll, s'il est raisonnable je me ferai un devoir de le satisfaire.

Je lui doit, c'est-à-dire j'ai répondu de 400ll et suis prêt à le payer, s'il n'est pas content qu'il m'assigne devant un tribunal, et allors je prouverai *où quand il vous plaira*, ce que j'ai l'honneur de vous annoncer.

Salut et respect.

F.-VACHOT,

[Arch. de M. Et. Charavay].

LES DEUX VACHOT.

Les généraux Martial et François Vachot, fils de frères, appartenaient à une ancienne famille de chirurgiens de Tulle et des environs [1].

Martial n'a eu à combattre que l'étranger ; son nom est resté attaché au siège de Manheim ; il est mort à l'ennemi à cinquante ans. Il avait l'esprit cultivé. C'était plutôt un homme de 89.

François s'est battu contre les Chouans et au 13 vendémiaire contre les royalistes de Paris ; il a été héroïque au siège de Granville. Grand sabreur mais faible tacticien. Il est mort dans son lit, à vingt-neuf ans. Il avait peu d'orthographe. C'était un jacobin.

La carrière des deux cousins a été interrompue. Martial, qui a glorieusement commencé et fini, a perdu douze années en inactivité. François a été disgracié après Thermidor ; il a quitté prématurément le service, pour cause de maladie.

D'après un projet municipal, on donnerait des noms militaires aux rues de Souilhac, siège de la Manufacture d'armes de Tulle. Nous demandons qu'une d'elles s'appelle la *Rue des généraux Vachot* et porte une plaque commémorative.

---

(1) Jean Vachot réside en 1730 à La Rongière, paroisse de Cornil. Voici un extrait de l'acte de mariage (1650) de Jeanne Vachot et Jacques Dumont. « Dot de la future : 1500 livres, un lit garni, couette, coussin de plume, tour de lit et rideaux de ras teint du pays, 15 aunes de toile du pays pour faire un autre tour de lit et rideaux, 12 linceuls, 2 douzaines de serviettes, 2 nappes, une robe et un cotillon neufs... »

[Arch. de M. Clément-Simon].

Consulter aussi le *Dictionnaire des médecins limousins*, par R. Fage.

TABLE

149

www.ingramcontent.com/pod-product-compliance
Ingram Content Group UK Ltd.
Pitfield, Milton Keynes, MK11 3LW, UK
UKHW020024100726
13658UKWH00003B/1100